THÉATRE INTERNATIONAL

PROJET DÉFINITIF

THÉATRE
INTERNATIONAL

MÉMOIRE ET PLANS JUSTIFICATIFS

PAR

M. ALPH. RUIN, DE FYÉ

> J'ai déjà demandé plusieurs fois une troupe de comédiens ; je prendrai un soin tout particulier de vous en envoyer ; ceci est très-important pour commencer à changer les habitudes et les mœurs du pays.
> (*Lettre de Napoléon Ier au général Kléber.*)
>
> Un projet de Salle bien entendu dans ses détails prouve des études approfondies et des connaissances pratiques dans l'art théâtral.
> (*Projet 131 du Concours de l'Opéra.*)

PROJET DÉFINITIF

PARIS

ADMINISTRATION DU THÉATRE INTERNATIONAL

43, RUE TAITBOUT, 43

1863

COMITÉ DE PATRONAGE

MM. DE LAROCHEFOUCAULT, C. ✳, duc de Doudeauville.
LEFEBVRE-DURUFLÉ, G. O. ✳, Sénateur, ancien Ministre du Commerce.
BABINET, ✳, membre de l'Académie des Sciences.
A. DE LAMARTINE, O. ✳, ancien Député, ancien Ministre, membre de l'Académie française.
Le Comte HORACE DE VIEL-CASTEL, ✳, Conservateur du Musée des Souverains, au Louvre.
DOUMET, C. ✳, Député au Corps législatif, Maire de Cette.
Le Marquis de LA FRESSANGE, ✳.
ARSÈNE HOUSSAYE, O. ✳, Inspecteur général des Musées de province, ancien Directeur de la Comédie Française.
FRANCIS WEY, O, ✳, Inspecteur général des Archives, Président de la Société des Gens de Lettres.
Le Marquis de LA TOUR DU PIN MONTAUBAN, ✳, écuyer de l'Empereur.
Le Comte D'AUVERS.
ACHILLE JUBINAL, ✳, Député au Corps législatif.
GUDIN, O. ✳, premier Peintre de la Marine Impériale.
CHAMPFLEURY, homme de lettres.
NOGENT-SAINT-LAURENS, O. ✳, Député au Corps législatif, Avocat du Trésor et du Conseil privé de l'Empereur, membre du Conseil général de Vaucluse.
CERFBERR DE MEDELSHEIM, homme de lettres.
Le Comte de VILLELUME SOMBREUIL, ✳.
ALBERT DE LA FIZELIÈRE, homme de lettres.
Le Marquis ERNEST DE SANCY, ✳.
FRANCISQUE SARCEY, homme de lettres.
Le Marquis de BELLOY.
LOUIS JOURDAN, homme de lettres.
J. VORUZ, Député au Corps législatif.
PERNY DE MALIGNY, ingénieur civil.
AMÉDÉE MÉREAUX, de Rouen, homme de lettres.
T. PICKFORD, Consul de S. M. Britannique.
LÉON GOZLAN, ✳, homme de lettres.
Le Marquis de CHENNEVIÈRES, O. ✳, Conservateur adjoint des Musées Impériaux, chargé du Musée du Luxembourg.
G. CAZAVAN, ancien Préfet, Rédacteur en chef du *Journal du Havre*.
GASTON DE SAINT-VALRY, homme de lettres.
DE SAULCY, O. ✳, Sénateur.
THÉOPHILE GAUTIER, O. ✳, homme de lettres
GARNIER-PAGÈS, ancien Député, ancien Ministre.
Le Baron TAYLOR, O. ✳, membre de l'Institut.
SÉVERIN ABBATTUCCI, ✳, Député au Corps législatif.
DURAND-BRAGER, ✳, peintre de Marine.
MARIE, ancien Député, ancien Ministre, Bâtonnier de l'ordre des Avocats.
CHARLES TH. JOUFFROY, homme de lettres.
H. DE SAINT-ALBIN, ✳, ancien Député, membre du Conseil général de la Sarthe, Conseiller à la Cour Impériale de Paris.
JULES NORIAC, homme de lettres.
PAUL DUPONT, ✳, Député au Corps législatif.
H. PETIT, O. ✳, Colonel commandant le 12ᵉ Dragons.
Victor GRAND, Banquier.
LENOIR, ✳, Architecte, membre de l'Institut.
Le Vicomte de GROUCHY, O. ✳, Député au Corps législatif.

— Voir au verso l'extrait des lettres d'adhésion —

COMITÉ JUDICIAIRE

Notaire. — M. MOCQUARD, ✻, Notaire de S. M. l'Empereur et de la Ville.

Avocats. — MM. MARIE, Bâtonnier de l'ordre des Avocats.
MAILLARD, Avocat à la Cour Impériale.

Avoués. — MM. EUGÈNE DE BROTONNE, Avoué près le Tribunal de Première Instance.
CHABRIÉ, Avoué près la Cour d'appel.

Huissier. — E. REGNIER, Huissier audiencier au Tribunal civil.

Chef du Contentieux. — M. DEVINS, Avocat, ancien Magistrat.

ADMINISTRATION

Directeur-Gérant. — M. ALPHONSE RUIN, de Fyé, ancien Directeur de Théâtres Royaux et Impériaux, à Paris et à l'Étranger.

Architecte. — ERNEST LE BRUN.

Entrepreneur. — BRUNO-VARIGARD.

Extraits de la Correspondance de M. Ruin, de Fyé

« Je comprends assurément toute l'utilité, à des points de vue divers, de votre grande entreprise : elle est nationale et internationale à la fois, et si son succès importe au progrès des arts et de la littérature dans notre pays, elle ne peut, d'un autre côté, que contribuer à resserrer les liens qui nous unissent à nos voisins, en multipliant nos points de contact avec eux.

» Vous avez développé ces considérations avec un grand soin dans votre *mémoire*, et j'en ai été vivement frappé. Je vous prie donc de croire que personne ne fait plus que moi des vœux pour le succès de votre entreprise. Elle se recommande le mieux par l'utilité du but et l'honorabilité des moyens. »

(Ferdinand Barrot),
Sénateur, Vice-Président du Conseil municipal de la Seine, ancien Ministre de l'Intérieur, grand officier de la Légion d'honneur.

« .... Si je déplore tous les jours de voir que les populations aillent assister dans les salles de spectacle à des pièces qui enseignent la démoralisation, égarent les esprits et corrompent les cœurs, il m'est impossible de ne pas applaudir aux idées si sages, si justes et si morales exprimées dans le programme que vous avez bien voulu soumettre à mon approbation... Ce projet me paraît conçu d'après les données les plus larges et les plus pratiques. Rien d'essentiel ne me semble omis ni négligé. On y reconnaît facilement le fruit de sérieuses études et d'une longue expérience, etc. »

(Larochefoucault, *duc de Doudeauville*.)

« Personne ne croit plus que moi que la littérature concourt le plus à la civilisation des peuples, et que le théâtre est la partie la plus populaire de la littérature des peuples. Personne, par conséquent, ne vous félicite plus de nous donner deux théâtres nationaux dans un même édifice. »

(Lamartine.)

« Je l'ai étudié, votre mémoire, avec l'attention qu'il m'a paru mériter, et j'ai acquis la conviction que la réalisation de ce projet serait avantageuse sous tous les points de vue à la moralisation du monde théâtral, et contribuerait largement à la réforme du goût public, altéré depuis longtemps par la littérature corruptrice qui lui est offerte. »

(Cte H. de Viel-Castel.)

« .... J'ai lu avec soin les détails de votre projet, et il m'a paru mériter l'appui des hommes qui portent de l'intérêt aux sciences, aux arts et au progrès. »

(E. Doumet.)

« Fonder le succès d'un théâtre populaire sur l'attrait des sujets moraux, héroïques ou merveilleux, c'est là une idée très-juste : le peuple de Paris a l'imagination forte, l'humeur guerrière, la passion des drames chevaleresques; il comprend mieux les grandes choses que les petites ; il faut l'étonner pour lui plaire et l'émouvoir fortement pour l'instruire.

» Quant à l'ensemble, votre plan me paraît aisément applicable. Votre point de départ est généreux et libéral ; il me donne bon espoir et un très-vif désir que votre entreprise soit heureusement réalisée.

» Une tentative de ce genre, quand elle se présente étayée sur des études sérieuses, doit être encouragée et soutenue, etc. »

(Francis Wey.)

« J'ai examiné avec beaucoup d'attention vos plans pour élever un nouveau théâtre. Il serait effectivement mieux placé dans l'hémicycle que la ville de Paris a toujours eu la pensée de faire construire pour décorer les abords de la porte Saint-Denis. Votre projet mérite la protection de l'édilité parisienne, et je fais des vœux bien sincères pour la réussite de votre utile entreprise. »

(Baron I. Taylor.)

« Le titre lui-même de votre théâtre est à lui seul un programme qui me plaît : tout en moralisant notre peuple par un spectacle choisi et instructif, vous pourrez quelquefois lui rappeler que les autres nations aussi ont droit à son estime, et en représentant sur notre scène leurs actes de gloire et de dévouement, vous entretiendrez notre émulation et nos sentiments de sympathie, si utiles à la paix et à la civilisation. »

(T. Gudin.)

« Il y a surtout dans votre projet des détails qui m'ont frappé particulièrement.

» Il est certain que de grandes épopées historiques, *Jeanne d'Arc*, *Rolland* par exemple, traitées respectueusement par des esprits plus distingués que les fournisseurs habituels des Cirques, seraient de nature à élever l'esprit du peuple, tout en frappant les yeux par de splendides mises en scène.

» Je vais rarement au théâtre, Monsieur, parce que j'y suis à la torture, et je n'ai réellement compris le plaisir dramatique qu'à Gênes ; vous voulez importer ces améliorations, et le public intelligent vous en saura gré.

» Vous avez indiqué, avec beaucoup d'autres inventions, des remèdes à ce fâcheux état de l'art dramatique à Paris, et je fais mille vœux pour vos succès futurs et la prompte ouverture du Théâtre International. »

(Champfleury.)

« L'œuvre que vous avez entreprise doit captiver les sympathies par son utilité et sa grandeur.

» Exposer sur un théâtre les luttes gigantesques de l'humanité, les drames émouvants de la vie des peuples, les efforts successifs de chaque nationalité pour accomplir sa mission, les progrès de la raison et de la vérité, le triomphe du bien sur le mal, c'est rendre la scène à sa destination réelle, c'est ramener l'art à son but le plus élevé, qui est : enseigner, moraliser et charmer. »

(Garnier Pagès),
Ancien Député, ancien Ministre.

« J'ai lu avec infiniment d'intérêt et beaucoup de plaisir le *mémoire* que vous m'avez adressé sur le projet définitif d'édification de votre Théâtre International ; toutes les raisons qui y sont déduites sont marquées au cachet du bon sens et d'une expérience que l'on sent être le résultat d'études longues et approfondies.

» Ce monument grandiose sortira de l'ordinaire comme construction, comme style, comme agencement de scène et comme administration ; il aura l'avantage d'être indépendant et de rompre les abus et coutumes surannées de la pratique actuelle. Ce projet laisse voir les plus minutieux détails, et indique un sentiment de bonne foi qui ne saurait échapper même au vulgaire ; le choix de son emplacement révèle une intelligence supérieure, et son emménagement la connaissance du cœur humain.

» Vous pourrez vous féliciter d'être l'auteur et le propagateur d'une conception hardie et d'une gigantesque amélioration dont toutes les classes de la société sont appelées à profiter.

» Il est donc certain que l'appui des personnes éclairées et compétentes ne peut faire défaut à une œuvre de progrès aussi remarquable et aussi éminemment utile, au point de vue des délassements, de l'agréable et la commodité que l'on doit rencontrer, et surtout au point de vue de la réforme des mœurs populaires.

(Henry Petit),
Colonel commandant le 12e Dragons, Officier de l'Ordre de la Légion d'honneur et du Nicham.

« Je ne puis qu'approuver toutes les idées de votre projet de théâtre, puisque elles se rapprochent, sur plusieurs points, des idées que j'ai moi-même soumises, depuis plusieurs années, soit à S. M. l'Empereur, soit au Conseil d'État.

» Le *mémoire* que vous m'avez fait lire renferme divers aperçus qui dénotent une grande expérience du théâtre.

« Les pensées toutes nouvelles que vous voulez rattacher à votre combinaison théâtrale seraient, je n'en puis douter un instant, une grande chance de succès de plus.

Enfin, votre intention d'importer en France le genre des grandes féeries chorégraphiques pantomimes, qui n'y existe pas, serait une très-heureuse innovation.

» Je n'ai donc, Monsieur, que des félicitations à vous adresser. »

(Ad. Dennery),
Auteur dramatique.

« J'ai lu avec une grande attention le travail que vous m'avez confié sur votre magnifique projet de théâtre international.

» Vous me demandez mon appréciation, Monsieur?

» Que dois-je vous dire de plus? Vos idées sont les miennes. Je ne peux donc qu'applaudir à la prompte réalisation et au succès d'une telle entreprise. »

(Théophile Gautier.)

« Les considérations que vous faites valoir, les aperçus judicieux et grandioses que vous faites entrevoir, placent l'œuvre que vous allez entreprendre parmi les meilleures, comme progrès moderne, dans l'art architectural du théâtre et comme haute moralité nationale. »

(Cᵉ d'Auvers.)

« Après avoir examiné avec la plus vive attention les plans et mémoire que vous avez bien voulu me communiquer, je m'empresse de vous faire parvenir mon adhésion complète pour votre œuvre.

» Elle est nationale, et, comme telle, est appelée à rendre de vrais services à la société.

» Sous une direction comme la vôtre, je suis bien heureux, Monsieur, de mettre mon nom à votre disposition. »

(Le marquis de la Tour-du-Pin Montauban),
Écuyer de l'Empereur.

« Votre projet me paraît trop bien conçu pour qu'il n'obtienne pas l'assentiment général. L'influence du théâtre sur les mœurs d'un peuple est si grande, qu'il y a évidemment de nombreuses améliorations à apporter dans le système actuel.

» La morale ne proscrit ni la faute, ni la représentation des grandes passions humaines ; mais elle doit apporter à la scène les restrictions de tout ce que réprouvent la décence, le bon goût, la sévérité des principes.

» Vous êtes surtout dans le vrai en recherchant dans l'abaissement des prix des places, par conséquent dans les grandes proportions d'une salle, la réussite de votre projet.

» Le jour où les prix d'entrée dans tous les théâtres seront considérablement diminués, parce que les salles auront été largement agrandies, le sort de tous les théâtres se trouvera assuré jusque dans les grandes villes de province.

» Je vous souhaite donc tout succès dans votre magnifique entreprise. »

(J. Voruz aîné),
Député de Nantes au Corps législatif.

« J'ai lu et étudié avec soin votre projet de théâtre international, et je le trouve plein d'idées pratiques et excellentes. Vous nous faites espérer des pièces littéraires et morales, vous nous promettez une salle vaste et aérée ! Comment ne pas applaudir des deux mains ! Une entreprise semblable mérite d'être encouragée par le public comme par les gens de lettres. Je fais mille vœux pour elle. »

(Ch. Th. Jouffroy),
Homme de lettres.

« Je vous remercie de m'avoir communiqué les plans et mémoire concernant le théâtre international dont vous êtes le fondateur.

» Cette utile et morale entreprise ne peut que contribuer puissamment au progrès des arts et des lettres. Je vous assure mes vœux sincères pour son succès et sa prospérité. Vous avez en votre faveur l'opinion et la sympathie des hommes éminents qui composent votre comité de patronage ; un bel avenir semble réservé à l'exécution de votre projet. »

(H. de Saint-Albin),
Ancien Député de la Sarthe, Membre du Conseil général de département, Conseiller à la Cour Impériale de Paris.

« J'ai pris connaissance du *mémoire* que vous avez bien voulu me communiquer, et qui a pour objet l'établissement et l'exploitation à Paris d'un théâtre international. N'ayant jamais eu à m'occuper des questions de cette nature, il me serait difficile de me prononcer sur les moyens d'exécution que vous indiquez, mais je ne saurais qu'applaudir au projet lui-même, puisqu'il a pour but de contribuer au développement de la morale et de la littérature. »

(Vicomte de Grouchy),
Député au Corps législatif.

« J'ai lu et examiné avec le plus vif intérêt le travail que vous avez bien voulu mettre entre mes mains.

» Son côté moral et son utilité me font faire les vœux les plus sincères pour l'entier succès de votre magnifique projet. »

(Sr. de Saulcy),
Sénateur.

« J'ai lu avec le plus vif intérêt le *mémoire* que vous avez bien voulu m'adresser, et je suis heureux de vous dire que votre projet me paraît heureusement conçu dans son ensemble aussi bien que dans ses détails. Tous les hommes qui veulent le progrès de l'art théâtral, des lettres et le respect des mœurs seront disposés, je n'en doute pas, à encourager de tous leurs vœux vos efforts et le succès de votre entreprise. »

(Séverin Abbattucci),
Député au Corps législatif.

« Votre projet réalise pour moi ce que depuis longtemps j'espérais du progrès et des idées avancées de notre époque. Construire un théâtre, que dis-je, un monument sans pareil, qui donne au peuple une instruction réelle et profitable, qui corrige les mœurs au lieu de les corrompre, qui offre un accès facile, économique, confortable, à un public aussi nombreux que celui qui se pressait aux arènes antiques ; rassembler en un même lieu ce que demandent l'esprit sévère d'un philosophe et l'imagination avide d'un artisan ; donner asile à tous les genres dramatiques sans qu'ils se nuisent et se confondent ; imposer un arrêt à la licence qui s'est emparée de notre scène, à la corruption qu'engendrent les coulisses et les foyers communs ; enrichir Paris d'un monument de plus, créer, en un mot, une chose neuve et utile, voilà, Monsieur, ce que j'applaudis dans votre plan généreux, etc. »

(A. Cerfbeer de Medelsheim),
Homme de lettres.

« J'ai visité presque tous les théâtres du monde, et je regarde votre conception comme la perfection même. L'acoustique et l'optique y sont très-bien étudiées. Tous ces points m'ont vivement frappé dans votre travail. La solution des problèmes de l'optique et de l'acoustique — question si difficile à résoudre, qu'aucun théâtre ne la possède — est le sujet d'une étude toute spéciale ; puis celles de la ventilation, du chauffage, des dégagements intérieurs, le confortable des places, le luxe et le bas prix, tout enfin me paraît être, d'une manière incontestable, le sujet d'une très-longue pratique et d'une harmonie résultant de très-profondes études. Je n'ai qu'un désir, pour l'honneur de mon pays, c'est que l'extérieur réponde à l'intérieur, et que Paris, qui renferme plus de monuments que le reste du monde, ait un théâtre digne de sa grandeur. Il est pénible de voir qu'au berceau de la civilisation, le mot théâtre, qui dit *monument, magnificence, arts, grandeur,* soit si mal compris.

» Partout et en tout temps, les hommes supérieurs ont considéré la littérature comme la base de la civilisation des peuples ; je ne doute pas que votre grande conception ne soit regardée comme un cours public de civilisation. »

(Perny de Maligny.)

« C'est avec regret que je dois avouer que je ne suis pas compétent à juger en détail votre beau projet ; cependant il faudrait être dépourvu de goût pour ne pas apprécier la valeur de votre noble conception, par rapport aux arts, aux lettres, à l'industrie et à l'instruction.

» Je vous souhaite une complète réussite. »

(T. Pickford),
Consul de S. M. Britannique à Paris.

« J'ai vu vos plans et lu avec un bien vif intérêt votre *mémoire* sur votre magnifique projet de théâtre international.

» Je suis donc heureux de vous annoncer que toute ma plus vive sympathie est acquise à votre idée, que l'ensemble et les détails paraissent avoir été le but d'un travail bien étudié, avec la volonté la plus énergique. Je ne suis pas assez versé dans les opérations théâtrales pour juger en dernier ressort une opération aussi compliquée dans les rouages qui peuvent la faire mouvoir, mais le bon sens indique, dans cette affaire, une grande œuvre dramatique, qui doit rencontrer partout aide et soutien chez les amis des arts et de la littérature.

» Ayez la foi et courage. Je fais les vœux les plus ardents pour le succès de votre belle entreprise internationale. »

(H. Durand-Brager),
Peintre de marine, Chevalier de la Légion d'honneur.

EXTRAITS DES JOURNAUX

La presse française, avec cet empressement généreux et cette bienveillance qu'elle accorde spontanément à toute innovation utile et féconde, a bien voulu prendre connaissance de nos projets et les faire participer à la publicité dont elle dispose.

Voici quelques extraits des principaux journaux qui ont, jusqu'ici, entretenu leurs lecteurs de la fondation du Théâtre International.

A la fin d'une remarquable étude sur ce que les théâtres de Paris laissent encore à désirer, tant sous le rapport du principe en vertu duquel ils existent qu'au point de vue de leur organisation intérieure, l'*Illustration* ajoute :

« . . . . . Voilà ce qu'aura pensé M. Ruin, de Fyé, ancien directeur de théâtres, en France et à l'étranger, auteur du travail préparatoire de la réédification du théâtre de Dresde, auteur de la distribution et disposition du nouveau théâtre de New-York, et enfin, ce que j'aurais dû commencer par dire, car tout le reste n'est que bagatelle en comparaison, *créateur privilégié du Théâtre International*, ce nouveau théâtre dont le futur Opéra même n'égalera qu'à peine les splendeurs.

» Mais, que nous font toutes vos splendeurs? direz-vous peut-être à M. Ruin, de Fyé, nous en sommes las de splendeurs sur la scène, et de misères et de tortures dans la salle et à ses abords. . . . tout cela n'est rien à nos yeux si votre théâtre ne m'offre pas les avantages que voici :

» Prix inférieurs des quatre cinquièmes à celui des autres scènes parisiennes ;

» Facilité de louer à l'avance sans payer de surtaxe ;

» Suppression des ouvreuses ou du moins de leurs prétentions, peu onéreuses, mais gênantes ;

» Chauffage et ventilation mieux combinés que partout ailleurs ;

» Incendie rendu impossible par la substitution du fer au bois ;

» Et enfin, et surtout, siéges commodes à toutes places, de moitié plus larges même qu'à l'Opéra, et circulation facile.

» A quoi le nouveau directeur répond modestement que vous venez tout justement d'énumérer, avec la précision et le style d'un prospectus, tous les avantages qu'offre au public le Théâtre International.

» A. DE BELLOY. »
(*Illustration du* 17 *août* 1861.)

« On songe à construire un nouveau théâtre à l'angle du boulevard Bonne-Nouvelle et du faubourg Saint-Denis... Ce théâtre porterait le nom de Théâtre International. M. A. Ruin, de Fyé, qui est à la tête de cette affaire, nous promet une salle où l'on pourra circuler et respirer à l'aise. Il assure que nous y serons délivrés de tous ces petits ennuis qui font un supplice d'un plaisir payé fort cher. Je crois qu'il tiendra parole, car il a beaucoup vécu avec les Américains ; il leur a construit le théâtre de New-York, et ces gens-là s'entendent au confort.

» A coup sûr, l'affaire sera bonne pour nous. Quand une fois un théâtre aura rompu avec la routine, il faudra bien, bon gré, mal gré, que les autres suivent son exemple. Nous pourrons donc rester trois heures dans une salle de spectacle sans emporter une courbature. Nous y serons assis sur de bons fauteuils bien rembourrés en hiver, sur des siéges de cuir en été. Il nous sera permis, si la pièce nous fatigue, d'aller, de venir tout à notre aise, sans enjamber des crinolines, sans recueillir des malédictions sur notre passage. . . On renouvellera l'air que nous respirons, nous prendrons un plaisir qui sera un plaisir. Tout sera changé.

» FRANCISQUE SARCEY. »
(*Opinion Nationale du* 19 *août* 1861.)

« Il est question d'édifier un théâtre gigantesque à l'angle du boulevard Bonne-Nouvelle et de la rue du Faubourg-Saint-Denis, sous le titre de Théâtre International. Il contiendrait 6,000 places.

» L'auteur du projet est M. Ruin, de Fyé.

» L'architecte est M. Ernest Lebrun. »
(*Moniteur des Travaux publics.*)

Dans son numéro suivant, le même journal ajoutait, en publiant un long extrait du présent mémoire :

« Nous sommes en mesure, aujourd'hui, de donner des détails sur un projet qui ne manquera pas de conquérir les sympathies du public par le caractère grandiose que lui a donné l'auteur.

» GRIGNARD. »
(*Moniteur des Travaux publics*).

« Il est incontestable que la plupart des salles de spectacle actuelles sont trop petites, qu'elles sont mal aérées, mal disposées, mal chauffées ; qu'on y gèle l'hiver, qu'on y étouffe l'été, et qu'on y respire un air méphitique en toute saison ; qu'on y est souvent mal placé, à ce point qu'on ne peut voir ni entendre que la moitié du spectacle ; qu'on y est mal assis, gêné par ses voisins, dérangé à chaque instant par les entrants et les sortants ; qu'on en sort altéré, moulu, rompu, courbaturé, maculé ; qu'en cas d'incendie ou seulement de panique, la moitié des spectateurs y seraient bousculés, écrasés, étouffés faute d'espace et de dégagements ; qu'enfin il faut payer très-cher cette multitude d'inconvénients, de souffrances et de dangers, car l'exiguïté du local force naturellement les administrations à maintenir le prix des places à un taux relativement trop élevé.

» Tel est l'état des choses.

» Nous sommes trop peu architecte pour juger pertinemment du mérite des projets qui ont été publiés récemment dans le but d'opérer dans les nouveaux théâtres toutes les améliorations désirables. Mais, du moins, en tant qu'exécutables, nous pouvons apprécier ces projets au point de vue de l'art dramatique et musical, de l'utilité, de la sécurité, du bien-être, du plaisir et de l'économie qu'ils promettent aux spectateurs.

» Il en est un surtout qui a frappé notre attention par son grandiose et son originalité. Celui-là, dit-on, a déjà presque obtenu l'assentiment officiel. Il s'agit d'un théâtre tout nouveau qui serait intitulé : *Théâtre International*.

» . . . . . L'auteur du projet est M. Ruin, de Fyé, qui, depuis vingt ans, travaille à en établir sérieusement les bases. Études préparatoires, voyages, démarches, dépenses, rien ne lui a coûté pour amener son projet à l'état d'éclosion.

» . . . . . Il lui fallait des capitaux énormes ; mais, bah ! dans un temps comme le nôtre, où les millions se remuent à la pelle, il a frappé du pied, et il lui en serait arrivé, dit-on, neuf ou dix mille de France et d'Angleterre.

» C'est qu'en effet le théâtre en question se trouverait placé dans des conditions tout exceptionnelles. Ainsi disposé, il comprendrait six mille places, une véritable arène de l'ancienne Rome, arrangée selon les exigences du goût moderne. Les prix varieront depuis trois francs jusqu'à cinquante centimes.

» Or, personne n'ignore les résultats de la réforme postale. A présent que la taxe est uniforme et très-réduite, on barbouille du papier sous le moindre prétexte, même sans prétexte.

» Eh bien, ce qui est arrivé pour la poste ne pourrait-il se faire pour un théâtre ? . . . . . ce qu'il y a de certain, c'est que l'abaissement des prix multiplierait le nombre des spectateurs dans une proportion considérable.

» GUSTAVE CHADEUIL. »
(Feuilleton musical du *Siècle*.)

« Parmi les théâtres qui vont être construits dans différents quartiers, il en est un dont la destination rentre dans le domaine de nos revues, puisque la musique et la danse doivent y tenir une place importante.

» C'est le Théâtre International.

» M. Ruin, de Fyé, est le fondateur de ce théâtre, auquel il veut donner, outre les attraits d'un plaisir dont les Parisiens raffolent, un cachet d'utilité et de popularité, en y réunissant les avantages intellectuels d'un spectacle instructif et les avantages matériels d'un prix modéré.

» . . . . La pensée de M. Ruin, de Fyé, est haute et grande : faire du théâtre un hommage public au génie et une école moralisatrice pour les populations, initiées ainsi au sentiment du bien et au culte du beau, c'est comprendre un des besoins de notre époque, où l'on ne saurait donner trop de force à l'esprit pour lutter contre la matière ; c'est se rendre digne d'être placé au rang des hommes utiles, des bienfaiteurs de l'humanité. Il fallait des capitaux énormes pour oser mettre en avant un projet aussi complexe et pour penser à le mettre à exécution. M. Ruin, de Fyé, trouve, dit-on, dix millions en France et en Angleterre. On assure qu'il a toute raison d'espérer obtenir promptement un assentiment officiel qui lui permettra de commencer à cette œuvre neuve et vaste entreprise.

» . . . . C'est M. Ernest Lebrun, notre compatriote, architecte très-habile, qui est chargé de construire ce théâtre, destiné à être un temple de la littérature, de l'histoire et des beaux-arts.

» AMÉDÉE MÉREAUX. »
(*Journal de Rouen*.)

« On commence à parler, à Paris, d'une scène gigantesque, où toutes les épopées militaires, où toutes les féeries imaginables et inimaginables pourraient se déployer à l'aise.

» . . . . . . Il y aurait une rivière véritable, pour substituer la nature aux inventions des décorateurs, et les navires qu'on introduirait dans l'action iraient véritablement sur l'eau.

» On assure que ce théâtre fabuleux n'est pas une hypothèse. Les plans sont faits, les études achevées, le terrain est arrêté. C'est M. Ruin, de Fyé, qui est l'auteur de ce projet et qui en sera l'organisateur. On parle de plusieurs milliers d'actions souscrites.

(*Journal du Havre*.)

« A Paris, agrandi jusqu'à égaler les antiques Babylones, il faut des salles de spectacles monumentales, accessibles à tous et dans lesquelles un peuple entier — comme jadis aux jeux olympiques ou au Colisée — puisse trouver à la fois instruction et plaisir.

» A ce peuple intelligent, actif, curieux et sympathique à tout ce qui porte le germe du progrès, il est du devoir de ceux qui ont le privilège de remuer les idées et de façonner les foules, d'offrir des spectacles où le plaisir des yeux et les jouissances de l'esprit s'allient dans une mesure judicieuse à l'émancipation des intelligences et au développement moral des cœurs. De tels projets, si conformes aux aspirations d'un peuple en pleine maturité, et qui semblaient, hier encore, appartenir au domaine des utopies, sont aujourd'hui sur le point de se réaliser.

» Un homme pratique, qui a consacré vingt ans de sa vie à étudier, sur toutes leurs faces si variées et si complexes, les questions relatives au théâtre, qui a coopéré lui-même en Angleterre à la direction de vastes entreprises dramatiques, M. Ruin, de Fyé, est sur le point de doter Paris — grâce au bienveillant concours de M. le Ministre d'État et de M. le Préfet de la Seine — d'un théâtre enfin digne d'une telle capitale et d'un tel peuple.

» Cette importante création réunit toutes les conditions prévues pour la réalisation d'un théâtre normal et d'un répertoire en harmonie avec les besoins du moment et les exigences du public.

» La réforme est radicale et complète. Non-seulement elle porte sur la construction d'une salle de spectacle conçue dans des données architecturales toutes nouvelles, sur une organisation intérieure inusitée jusqu'ici, mais elle embrasse aussi la question littéraire sous un point de vue qui défie toutes les routines et promet aux écrivains de l'avenir une large place et leurs coudées franches au soleil de la publicité.

» LUDOVIC DE MARSAY. »
(*France Hippique*.)

« Une nouvelle salle de spectacle va se construire sous la haute protection de M. le Préfet de la Seine.

» Une expropriation spéciale déblayerait le terrain ! Quel terrain ? dira-t-on : l'angle du boulevard Bonne-Nouvelle et du faubourg Saint-Denis, ni plus ni moins ! sur une profondeur de cent onze mètres, une petite rue isolerait l'édifice, qui, rassurez-vous, serait monumental et contiendrait sept mille spectateurs.

» M. Ruin, de Fyé, demande quinze millions, une bagatelle ! il les a trouvés. Le futur directeur servirait à ses spectateurs de grandes féeries chorégraphiques, pantomimes et des pièces vraiment historiques.

» KARL STAR. »
(*Opinion Nationale* du 12 Avril 1862.)

Pourquoi?... Parce que...

POURQUOI fondons-nous le Théâtre International?

La question théâtrale, qui embrasse à la fois l'éducation, l'instruction et la moralisation des peuples; qui engendre ou favorise la naissance et le développement de l'idée et du sentiment national; qui dirige, modifie, adoucit le goût, les passions et les mœurs, mérite à tant d'égards l'attention des gouvernements, des philosophes et des penseurs, qu'on s'étonne à juste titre de la voir si longtemps stationnaire au milieu du mouvement progressif et civilisateur de notre époque.

Les vieux corps de garde ont été remplacés par des casernes belles comme des châteaux; les ignobles appentis sous lesquels s'abritaient les approvisionneurs de Paris ont disparu pour faire place à des halles monumentales, qui feront longtemps la gloire de leur auteur et l'admiration des peuples marchands; partout, et en toutes choses enfin, excepté en matière théâtrale, l'action du temps s'accomplit, la voix de la civilisation se fait entendre, la marche du progrès se révèle... mais l'architecture théâtrale est aujourd'hui ce qu'elle était absolument il y a soixante ans, comme il y a deux siècles : pas la moindre innovation, pas la moindre tentative heureuse n'a signalé cette longue période.

Et cependant, l'art scénique a suivi le mouvement irrésistible qui entraîne tout dans la voie du progrès, et les besoins nouveaux qui sont nés des perfectionnements introduits dans la décoration, la chorégraphie, la machinerie et la féerie, ne sont plus en rapport avec la méthode architecturale des anciens, conservée telle, que pour la construction et la distribution intérieure des salles de spectacle.

Est-ce à dire que l'autorité ne s'en préoccupe point, et qu'elle n'ait pas senti, comme nous, l'urgence d'améliorations commandées par la différence des temps, par la nécessité de rendre le théâtre accessible au plus grand nombre, et par le besoin de satisfaire aux exigences impérieuses de l'hygiène et du confort modernes?

Non, sans doute. L'initiative qu'elle a prise dans l'organisation précipitée d'un Concours pour les plans d'une nouvelle salle d'Opéra prouve que cette question l'intéresse, et qu'elle a le désir de voir apporter dans ce genre d'architecture spéciale des innovations en rapport avec l'esprit du siècle, la diffusion des lumières et les progrès du goût. Elle a prouvé ainsi sa haute sollicitude pour le public, les artistes et les arts.

Mais les bonnes intentions du Gouvernement ont-elles abouti au résultat cherché? — Hélas! non. Le jury chargé de la distribution des récompenses a constaté l'impuissance de ceux des concurrents qui, informés à temps, ont pu livrer à l'examen public des projets complets et répondant à toutes les conditions du programme. — (Nous ne pouvons rien dire de ceux qui n'ont connu le concours qu'au moment de sa publication, c'est-à-dire beaucoup trop tard, et qui ont généralement réclamé contre des délais parfaitement insuffisants.)

A quoi tient cette insuffisance des architectes?

Elle tient à ce que, dans l'édification d'une salle de spectacle, il y a une foule de lois particulières à observer, de besoins spéciaux à satisfaire, de combinaisons utiles à prévoir, que les architectes ne peuvent connaître et moins encore prévenir, et qui échappent en grande partie à quiconque n'a pas fait une longue étude de l'art scénique et de la science théâtrale, des artistes et du personnel des théâtres, du public qui les fréquente et des abus sans nombre que les directeurs sont impuissants à réprimer, mais que des dispositions mieux appropriées rendraient moins faciles et moins fréquents.

L'aménagement commode et luxueux de la salle, de la scène, des foyers publics, des foyers d'artistes, des vestiaires, des salons d'attente, des vestibules, des contrôles, de la bibliothèque, des magasins et de toutes les dépendances et servitudes; les combinaisons d'ensemble relatives à l'optique, à la perspective, à l'acoustique, au chauffage, à l'éclairage, à la ventilation, et au service des eaux; la distribution utile et bien entendue des plans de scène et des dessous; la pose des rainures et de tous les accessoires relatifs à l'emplacement et au jeu des décors; les plans de trappes, les dispositions des trappes, des soupapes, des costières, des trucs, des équipes, des chemins de traverse, de la gloire, et enfin la distribution bien entendue des machines, manivelles, tourniquets, moulinets, bascules et autres détails qui sont autant d'éléments indispensables à la vitesse des changements à vue, etc. (*toutes choses qui ont une importance majeure au point de vue de la pratique et des effets scéniques*), sont autant de problèmes à résoudre, pour lesquels nous défions tous les ingénieurs, architectes, constructeurs et autres, qui n'auront point une longue pratique du théâtre, et qui n'en auront pas fait l'objet de leurs études de prédilection.

C'est donc à tort qu'on persiste à demander aux architectes la construction, la distribution et les agencements des salles de spectacle, s'ils n'ont pas eux-mêmes vécu longtemps au théâtre, et s'ils n'en ont minutieusement observé les vices, les défauts et les besoins.

Mais nous ne sommes pas dans les mêmes conditions que les architectes, et nous avons la prétention de le prouver surabondamment par ce Mémoire, en démontrant que ce qu'ils ne possèdent pas, nous le possédons : — *la science pratique*.

C'est pénétré de ces vérités frappantes que nous avons résolu d'édifier une salle comme nous la comprenons, qui satisfasse à tous les besoins du service pour lequel elle aura été créée.

Puis, nous voyons avec un si profond chagrin la plume de nos auteurs dramatiques s'égarer et se complaire dans les bas-fonds de la littérature démoralisante, que nous avons conçu la pensée d'ouvrir une voie nouvelle, plus honorable et plus digne, aux écrivains qui n'ont point encore immolé aux platitudes et aux abjections énervantes qu'aujourd'hui l'on met si souvent à la scène, les bons instincts, les passions généreuses, les sentiments élevés qui distinguent les belles âmes et les nobles cœurs. — L'épopée française nous fournira de magnifiques sujets de drame, de comédie et de vaudeville d'un genre nouveau, répondant à nos mœurs, à nos goûts, à notre caractère essentiellement généreux et chevaleresque.

C'est surtout dans les théâtres populaires que la dépravation du goût se fait remarquer à la scène, là précisément où les exemples du beau, du grand, du juste seraient le plus utiles.

Chacun des théâtres actuels a un genre à peu près défini, qui constitue sa spécialité; mais les œuvres véritablement littéraires, c'est-à-dire capables d'élever l'intelligence et d'exercer une action moralisante sur les esprits, sont très-peu accessibles à la masse de la population. — Le haut prix des places, résultant soit des frais considérables qu'en exige la mise en scène, soit des appointements élevés des artistes chargés de leur interprétation, écarte fatalement les gens peu aisés, et les rejette dans les théâtres inférieurs, où l'on ne joue pas, où l'on ne peut pas jouer des pièces d'une telle valeur, parce que les salles, trop petites, ne permettraient d'y faire des recettes qu'à la condition d'en élever les prix d'entrée, comme dans les théâtres d'ordre.

Comment se fait-il que les entrepreneurs de spectacles n'aient point encore compris que l'exiguïté des salles tue tout à la fois le talent, l'esprit, l'originalité, le goût, le succès et l'administration, et qu'ils n'aient point montré plus d'empressement à rechercher les causes d'une ruine trop souvent générale?

Si les théâtres de Paris pèchent à l'extérieur par une absence complète de style et de grandeur; si leur intérieur manque d'espace et de dispositions intelligentes, de confort et d'élégance; si les auteurs ne présentent que des pièces décousues, sans esprit et sans morale, conçues sans fatigue, écrites sans talent, entre les bouffées du tabac et les vapeurs de l'absinthe; si les artistes descendent au maintien vulgaire, à la diction impure, aux gestes et aux lazzis inconvenants; si le public, par suite de tout ce concours de circonstances, critique l'auteur, la pièce et les acteurs, blâme la direction, néglige le théâtre et en perd l'habitude; si finalement l'administration culbute enfin, cela tient certainement à une cause principale que nous ne craindrons pas de signaler :

C'est que la plupart des directeurs de théâtres sont *sans expérience* acquise, n'ayant fait aucune étude spéciale sur la matière; c'est qu'ils prennent une direction théâtrale par passe-temps, comme ils prendraient un cabinet d'affaires, une étude, un magasin; c'est que, n'envisageant la chose qu'au point de vue de la spéculation (quand il ne se mêle pas un sentiment plus mondain à leur pensée), ils n'apprécient pas la grandeur de leur mission, la haute influence qu'elle exerce sur la littérature, sur les arts, sur les mœurs, sur l'élégance, sur le bon goût, ni ses moyens d'action et de sympathie sur les étrangers pour la propagation des idées françaises.

Le succès d'un théâtre ne dépend pas uniquement, d'ailleurs, des pièces qu'on y joue, ni même des artistes qui les interprètent. Une grande partie de sa vogue tient aussi au luxe qu'on y déploie, au bon marché du plaisir qu'il donne, au bien-être qu'on y éprouve, aux sensations de grandeur et de magnificence qu'il fait naître.

Tous les pays l'ont compris, et toutes les grandes villes de l'Italie, de l'Espagne, de l'Allemagne, de la Russie, de l'Angleterre possèdent de magnifiques théâtres, dont la réputation européenne écrase les nôtres. Paris seul, Paris, la grande ville du luxe et du plaisir, n'a pas une salle de spectacle digne d'elle, sans en excepter même celle de l'Opéra! Aussi, faut-il le reconnaître, les classes moyennes fréquentent-elles beaucoup moins le théâtre en France que dans un grand nombre de pays étrangers, qu'en Italie, par exemple, où le sentiment national, qu'on disait éteint, vient de se révéler d'une façon si sublime. Si nous comparons notamment Milan ou Turin, la capitale de l'ex-Piémont, à celle de la France, nous voyons dans la première, qui ne possède guère plus de population qu'un seul arrondissement de Paris, dix théâtres, petits ou grands, constamment suivis; tandis que chaque arrondissement de Paris en possède à peine un seul, et encore est-il souvent désert!

Disons-le avec vérité, le théâtre est un puissant élément de fortune dans des mains habiles et capables; mais il perd ses plus grandes chances de prospérité entre des mains ignorantes et parcimonieuses, qui croient faire acte de bonne administration en ne songeant qu'à de fausses épargnes, quand parfois il faut savoir être prodigue. Il y a là une haute question de science pratique et d'économie théâtrale, qui, dans notre pensée, devrait être l'objet d'une école spéciale pour former des administrateurs propres à transformer et à régénérer le théâtre en France.

C'est donc **PARCE QUE**, fort de vingt années d'études constantes, de travaux incessants et de recherches laborieuses en matière théâtrale, nous sentons combien, sous une foule de rapports, on peut faire mieux que tout ce qui existe... c'est **PARCE QUE**, sûr de nous-même au point de vue administratif comme au point de vue de l'édification, de la distribution et de l'agencement, nous sommes convaincu, en nous écartant des sentiers battus de la routine, de faire une œuvre essentiellement utile, grandiose et nationale, digne de la capitale des arts et du monde civilisé, véritable monument de gloire et de grandeur, portant le cachet de nos mœurs, de nos goûts, de notre civilisation propre, de notre époque et de notre caractère, enfin!... que nous fondons le *Théâtre International*, qui sera la plus vaste entreprise en ce genre, et que tous les étrangers voudront voir.....

Dira-t-on que l'argent manque pour construire un théâtre aussi spacieux et aussi splendide que nous le demandons? C'est une erreur : l'argent est toujours prêt à affluer là où la spéculation prend un grand intérêt et opère sur de vastes proportions. Qu'il soit défiant et indécis pour les petites entreprises, dont le destin le plus favorable est de végéter au jour le jour, c'est possible; mais il a une confiance illimitée dans les grandes affaires largement conçues, parce que celles-ci seules peuvent donner d'abondants produits.

Or, une combinaison sérieuse, un emplacement favorable, des projets mûrement étudiés et élaborés, des plans définitivement arrêtés, des devis bien justifiés, une longue expérience et des connaissances acquises, rendues évidentes par l'énoncé pratique des choses théâtrales les mieux entendues, voilà ce que nous produisons aujourd'hui pour faire appel aux capitaux disponibles et constituer une entreprise clairement expliquée, et dans laquelle nous montrons une telle confiance, que nous en faisons tous les frais, et que nous n'entrons en partage de bénéfices qu'après avoir remboursé un tiers du capital ! — Donc l'argent affluera, car l'argent aime un riche fonds; comme une semence féconde, il germe et fructifie dans un sol fertile; or, notre entreprise ne peut donner que de grands résultats.

ALPH. RUIN, DE FYÉ,

Ancien Directeur de théâtres impériaux et royaux en France et à l'étranger ;
Auteur du travail préparatoire de la réédification du Théâtre Royal de Dresde ;
Auteur de la distribution et disposition du nouveau Théâtre de New-York.

43, *rue Taitbout*, à Paris,

THÉATRE INTERNATIONAL

PROJET DÉFINITIF

I

CONSIDÉRATIONS GÉNÉRALES

Vices et abus. — Réformes projetées

Parmi les théâtres de Paris, il n'en existe aucun récemment construit, sans en excepter ceux du boulevard de Sébastopol, dans lequel on ait, à ce qu'il semble, songé à introduire les améliorations de toute nature que réclament les progrès constants de l'*art* et de la *science*, du goût théâtral, du confortable et du bien-être.

Comme édifices publics, ils laissent beaucoup à désirer : à l'extérieur, par leur apparence mesquine et peu monumentale ; à l'intérieur (et ce sont de graves défauts), par leur exiguïté relative, par les difficultés de la circulation, par le manque d'espace alloué à chaque spectateur, par une ventilation généralement insuffisante, et par les mauvaises conditions d'hygiène, d'optique et d'acoustique dans lesquelles se trouvent les deux tiers des places.

Il faut ajouter à la liste de ces inconvénients ceux résultant de ce que les abords des salles de spectacle sont, pour la plupart, inaccessibles aux voitures, et embarrassés par la nécessité de faire queue sur la voie publique, pour éviter la surtaxe des locations; nécessité éloignant beaucoup de familles, qui ne veulent pas s'exposer aux intempéries de l'atmosphère et aux quolibets des loustics, ni augmenter leur dépense d'un tiers pour retenir des places à l'avance.

Toutes ces causes, jointes à l'exagération des prix d'entrée, ont pour résultat d'écarter le public des théâtres, et de priver ainsi un grand nombre de personnes d'un délassement instructif, propre à former, à développer l'intelligence et à orner l'esprit des masses.

Les prix d'entrée sont effectivement fort élevés, excepté ceux des places de dernier ordre, où il est à peu près impossible de voir et d'entendre. En sorte que les théâtres, au lieu d'offrir au public aisé un délassement accessible et en harmonie avec ses ressources, lui deviennent une véritable cause de sacrifices onéreux.

Quant aux ouvriers, aux petits artisans, qui composent la partie la plus intéressante et la plus nombreuse de la population, ils sont forcés, faute de places en rapport avec leurs moyens, de s'abstenir presque entièrement d'une dépense qui représente pour eux le prix d'une journée de travail, et qui deviendrait une prodigalité véritable s'ils voulaient faire participer leur famille à ce divertissement. En effet, la location de trois ou quatre places à un théâtre d'ordre s'élève à un chiffre capable de donner à réfléchir aux petits rentiers et aux employés, même les mieux rétribués.

Il résulte de cet état de choses que le peuple s'entasse dans de petites salles étroites, enfumées, malsaines, où il va chercher le bon marché, et où on ne lui offre, en échange de quelques sous, que des pantomimes ridicules, de la musique détestable et des pièces insignifiantes quand elles ne sont pas immorales, malgré le salutaire correctif de l'examen préalable.

D'autre part, la prime que les différentes administrations théâtrales ont l'usage abusif de percevoir, en sus du tarif, pour les places prises d'avance au bureau, écarte un grand nombre de gens économes et diminue celui des spectateurs qui y viendraient par occasion, sans dessein prémédité, s'ils étaient sûrs de pouvoir se placer convenablement ; de sorte que ce qu'on pourrait appeler la clientèle flottante des théâtres ne peut pas exister.

Pour éviter cette surtaxe de location, contre laquelle on ne saurait trop s'élever, il faut actuellement se résigner, comme nous venons de le dire, à stationner des heures entières en plein air, par le soleil, le froid ou la pluie, entre deux barrières, exposé à un voisinage souvent désagréable (surtout pour les dames), quelquefois à la risée des passants, et même à des conflits, comme cela arrive, par exemple, aux premières représentations des pièces à succès.

Nous ne saurions trop insister sur les inconvénients de ces queues, empiétant sur la voie publique, gênant ou interceptant la circulation, et que réprouvent l'hygiène et même la morale. Ces agglomérations fortuites ne sont pas, en effet, composées uniquement de gens bien élevés, et, devant certains théâtres, une femme n'oserait guère s'aventurer, seule, à la queue, sans s'exposer à de grossières plaisanteries.

Les premières conditions de l'établissement de notre nouvelle salle de spectacle seront donc la suppression de la *queue* et de la *surtaxe* de location préalable, comme aussi de certains impôts forcés prélevés sur les spectateurs (et notamment sur les dames) par les ouvreuses de loges. Le personnel du soir, de service dans l'intérieur de la salle, sera suffisamment rétribué par la Compagnie pour réprimer cet *abus de mendicité déguisée*, qui, quoique passé en usage, n'en est pas moins blessant pour les uns et humiliant pour les autres.

Ces conditions fondamentales étant posées, la salle de spectacle que nous nous proposons de construire sera assez vaste pour contenir un nombre de spectateurs tel, qu'en maintenant le prix des places à un taux excessivement modeste, la somme des recettes, même en cas de demi-succès, soit toujours supérieure à celle des frais.

Les places, spacieuses et confortables, d'un accès facile, seront en rapport avec le goût et le luxe, qui deviennent un besoin de notre époque.

La salle sera chauffée pendant l'hiver, ventilée en toute saison par les procédés nouveaux. Elle sera disposée avec soin au point de vue de l'optique et de l'acoustique, afin d'assurer à chaque spectateur, en échange de son argent, une part égale de spectacle. D'ailleurs, les plans, exécutés exactement d'après le programme de M. Ruin, de Fyé, auteur-fondateur du projet, prouvent de la manière la plus évidente qu'il n'y a pas une place, de côté ou d'autre, d'où l'on ne voie et n'entende comme de face, le problème si important de l'acoustique y étant aussi bien résolu que celui de l'optique.

Enfin, et ceci est encore une des conditions essentielles de notre entreprise, le nouveau théâtre devra être accessible aux plus petites fortunes. Et, pour ce faire, les places seront classées en cinq catégories, représentées chacune par un prix uniforme de 4 fr. — 3 fr. — 2 fr. — 1 fr. — et 50 centimes.

Cette réduction considérable des prix d'entrée ne portera aucun préjudice au confort ni au luxe, devenus nécessaires, indispensables même, et qui sont désormais une condition expresse de succès.

Quant au répertoire, il devra, et c'est une question de la plus haute importance, se tenir à la hauteur des meilleurs théâtres. — C'est un point qui sera examiné ci-après. — La musique, la danse, la féerie, tout ce qui peut étonner l'esprit et charmer les sens, trouvera sa place sur notre scène.

Le théâtre est un monument qui doit être grand dans sa plus magnifique expression. Or, celui-ci inspirera un véritable sentiment de respect, et reportera l'imagination de l'homme vers la naissance des choses dramatiques ; car l'homme se sent tellement passager, qu'il a toujours de l'émotion en présence des choses du passé.

Présentement, il n'y a pas à Paris six théâtres qui aient à l'extérieur l'apparence monumentale de leur destination, et l'on n'exagère pas en affirmant que tel corps de garde a plutôt l'aspect d'un théâtre que la plupart des salles de spectacle de Paris.

Paris, l'Athènes des temps modernes, la ville sans égale, est complètement déshérité d'un genre d'édifices dont plusieurs chefs-lieux de départements s'honorent et qu'ils peuvent opposer avec avantage aux nôtres.

A Paris, un grand nombre de maisons particulières ont un aspect monumental et architectural bien supérieur aux théâtres, qui, la plupart, construits il y a plus de soixante ans, semblent être restés à l'état de provisoire, et les constructions nouvelles qui s'élèvent près de la Seine, sur le boulevard de Sébastopol, ne valent guère mieux, il faut bien le dire.

Paris, tel que nous l'a fait une auguste volonté, le Paris du nouveau Louvre, de la rue de Rivoli et des boulevards neufs, ne peut plus se passer d'un théâtre monumental, dans lequel des acteurs choisis donneront au peuple le spectacle des grandes choses qui font la gloire de la France.

Les grandes voies de communication appellent les grands édifices ; il ne faut plus que, sur ces boulevards majestueux, le long de ces longues et larges rues, on soit obligé de chercher pour découvrir la porte d'un théâtre au milieu d'un réseau de boutiques, de guinguettes et d'échoppes.

De même que le Colisée de Rome dominait la ville par ses vastes arceaux, de même l'édifice dans lequel des voix inspirées racontent au peuple l'histoire des passions, des grandeurs et des faiblesses humaines, doit s'élever imposant et magnifique, et appeler de loin les habitants de la grande ville.

Le théâtre est un besoin de notre époque, qui offre un délassement agréable, un charmant rendez-vous de plaisir, une arène toujours ouverte aux entraînements du luxe et de la mode ; mais il est essentiel que le public y trouve ses aises ainsi que son agrément ; il faut qu'on lui donne un spectacle choisi, plein d'intérêt et à un prix abordable.

Que le lecteur veuille bien jeter plus loin un coup d'œil sur le tableau de nos dépenses, et il verra, par le chiffre alloué à chaque service, aux émoluments des artistes, comme à toutes nos dépenses scéniques, que rien ne sera négligé pour assurer à notre théâtre tous les éléments du véritable succès, de sorte que nous serons à même de jouer les meilleures pièces, aussi bien montées sous tous les rapports qu'on puisse le désirer.

D'un autre côté, la rémunération brillante qui est réservée aux auteurs dramatiques, grâce au total probablement toujours élevé des recettes brutes, sur lesquelles ils prélèveront le droit d'un dixième, nous assurera leur concours empressé et leurs préférences, et nous permettra de choisir parmi les plus dignes et les meilleurs. Nous aurons donc toute facilité pour monter, dans ces quatre genres : *drame, comédie, vaudeville* et la grande *féerie-chorégraphique-pantomime*, des ouvrages méritant l'approbation publique et toute aisance pour n'arrêter notre choix que sur ce qui nous paraîtra, après un examen mûr et impartial, capable de produire un effet sur le cœur et l'esprit des spectateurs, en leur donnant ce qu'ils demandent, c'est-à-dire un délassement agréable et une instruction utile et réelle.

Tout le monde aura le même intérêt : les auteurs, à apporter de bonnes pièces, qui seront pour eux la source de bénéfices aussi considérables que bien mérités; le public, à écouter, à voir représenter, commodément et à bon marché, un répertoire à la fois moral, instructif et amusant; et les personnes s'occupant de l'exploitation, à réunir tous leurs efforts pour faire naître et pour consolider la prospérité de l'entreprise.

On ne saurait énumérer ici toutes les diverses améliorations qui devront être apportées dans l'édification, l'agencement et l'ameublement de ce nouveau théâtre. Cependant, la description suivante montrera, comme les lignes qui précèdent, combien nous nous écartons des ornières de la routine, et en quoi le public sera mieux traité ici qu'ailleurs.

Exactement exécuté d'après le programme de M. Ruir, de Fyé auteur et Fondateur du projet

Théâtre Anglo-Français

II

DESCRIPTION GÉNÉRALE DU THÉATRE INTERNATIONAL

§ 1ᵉʳ. — Situation ou emplacement.

L'emplacement d'un théâtre n'est point une chose indifférente à son succès, lorsqu'il réunit d'ailleurs les conditions de confort, d'espace et de bon marché, que nous plaçons en première ligne. — On ne va guère de la rive droite de la Seine à la salle de l'Odéon, et parce qu'elle est éloignée, et parce qu'elle est isolée. Le public se porte en masse aux boulevards, où les théâtres sont agglomérés, pensant que, s'il ne trouve point de place dans l'un, il en trouvera dans l'autre. Longtemps encore on s'acheminera vers les mêmes points quand on aura résolu d'aller au spectacle sans déterminer précisément à l'avance la pièce qu'on veut voir, tant sont grandes la force de l'habitude et la puissance d'une idée reçue.

Or, situé à l'angle du boulevard Bonne-Nouvelle et du faubourg Saint-Denis; entre le *Gymnase* et la *Porte-Saint-Martin*; au centre de la population commerçante qui alimentait les théâtres actuellement en démolition; presque sur le parcours de la plus grande artère de Paris qui mette en communication les deux rives du fleuve (le boulevard de Sébastopol); assez vaste pour contenir à lui seul autant de monde que tous ceux du boulevard du Temple réunis, le nouveau THÉATRE INTERNATIONAL, développant sa magnifique façade monumentale sur la porte et le boulevard Saint-Denis, au milieu d'une fourmilière compacte, industrieuse, riche ou aisée de travailleurs et de producteurs, sera incontestablement placé dans la situation la plus heureuse qu'on puisse imaginer !

Ce superbe emplacement, mesurant une superficie de 5,066 mètres, a été définitivement arrêté de concert avec M. Tronchon, chef de division des plans de la Ville de Paris, et il sera l'objet d'une expropriation spéciale ordonnée par M. le Sénateur Préfet de la Seine, qui a pris notre projet en sérieuse considération et lui accorde sa haute bienveillance.

Ainsi la Compagnie prendra les terrains expropriés, dans tout le périmètre nécessaire au Théâtre International, au prix d'estimation de la ville de Paris.

§ 2. — Façade monumentale et aspect extérieur.

(Voir notre avant-projet ci-annexé.)

La façade monumentale, du plus grandiose aspect, s'élèvera vaste et imposante, mesurant du sol au sommet de l'attique, 31 mètres de hauteur, dans le style architectural corinthien. Se développant en plan circulaire sur une largeur de 44 m., elle fait presque face à la porte Saint-Denis. Cette façade ainsi posée se compose : 1° d'une partie milieu contenant le grand vomitoire et les deux portes des bureaux; — 2° de deux arrière-corps attenant à deux superbes pavillons extrêmes.

Le pavillon de droite prolonge, par son retour sur le boulevard, l'alignement des constructions particulières du boulevard Bonne-Nouvelle. Le pavillon de gauche, par sa face de retour, forme la tête de la façade latérale sur le faubourg Saint-Denis. La façade latérale du théâtre longe ledit faubourg jusqu'à la rue de l'Échiquier, sur une profondeur de 111 mètres.

Le côté opposé est isolé des bâtiments voisins par une ruelle de 3 mètres, ayant issue même rue de l'Échiquier, avec projet d'un passage couvert aboutissant au boulevard.

La partie milieu forme, à rez-de-chaussée, les accès du théâtre, conduisant au contrôle, à un grand vestibule et à un double escalier monumental, large de 3 mètres 40, accédant au grand foyer du premier étage et aux escaliers des étages supérieurs.

La salle des Pas-Perdus, avant le contrôle, conduit, à droite et à gauche, à deux établissements publics, Café et Restaurant, à créer dans les pavillons.

L'entrée du public est pratiquée sous une marquise habilement dissimulée et disposée de manière à ne pas couper l'aspect monumental. Elle abrite le grand vomitoire de 6 mètres 20, entrée spéciale des voitures, qui devient la sortie générale des spectateurs.

La partie supérieure est décorée, au-dessus du premier étage, d'une colonnade de l'ordonnance corinthienne; les fûts sont cannelés et prévus en pierre du Jura. Cette colonnade, enchâssée par des pilastres, est surmontée d'un attique, aux angles duquel seront sculptées des figures allégoriques représentant les Quatre parties du Monde.

Les Muses, peintes sur fond or, formeront la décoration de la partie milieu.

Une grande figure, représentant la Ville de Paris, est assise sur la partie centrale de l'attique et sert d'amortissement au monument.

Sur les angles, deux groupes portés par les pieds-droits et les colonnes y contiguës, représentent, à gauche, l'École de la Tragédie et du Drame français; à droite, l'École de la Danse et de la Mime anglaise.

Les arrière-corps comprennent les bureaux pour les billets non pris d'avance; ils sont ornés de tables et de médaillons en marbre rappelant la fondation de l'édifice et les noms des personnages qui en auront patronné l'érection; ils divisent le milieu des pavillons, tout en reliant les extrémités au centre; ils forment un repos décoratif, quoique faisant partie du tout.

Le foyer du premier étage se compose : 1° Pour l'été, d'un grand salon central, séparé des deux escaliers monumentaux par une colonnade à jour, pouvant se clore l'hiver par des vitrages disposés à cet effet; — 2° d'une galerie d'hiver, conduisant aux deux salons de rafraîchissement, prévus dans les pavillons extrêmes; — 3° d'une galerie d'été, ornée d'appuis, de balustres en pierre, accédant aux deux pavillons du milieu ci-dessus décrits.

Ces pavillons, où se trouvent les salons de rafraîchissement, sont pourvus de larges balcons sur deux de leurs angles : à droite, un balcon sur le boulevard Bonne-Nouvelle et un sur la porte Saint-Denis; à gauche, deux balcons formant pendants, l'un sur la porte Saint-Denis et l'autre vers le faubourg.

La galerie d'été comprend les deux étages de la partie milieu.

Au second plan, et sur le premier foyer, existe un foyer secondaire ayant accès à la galerie

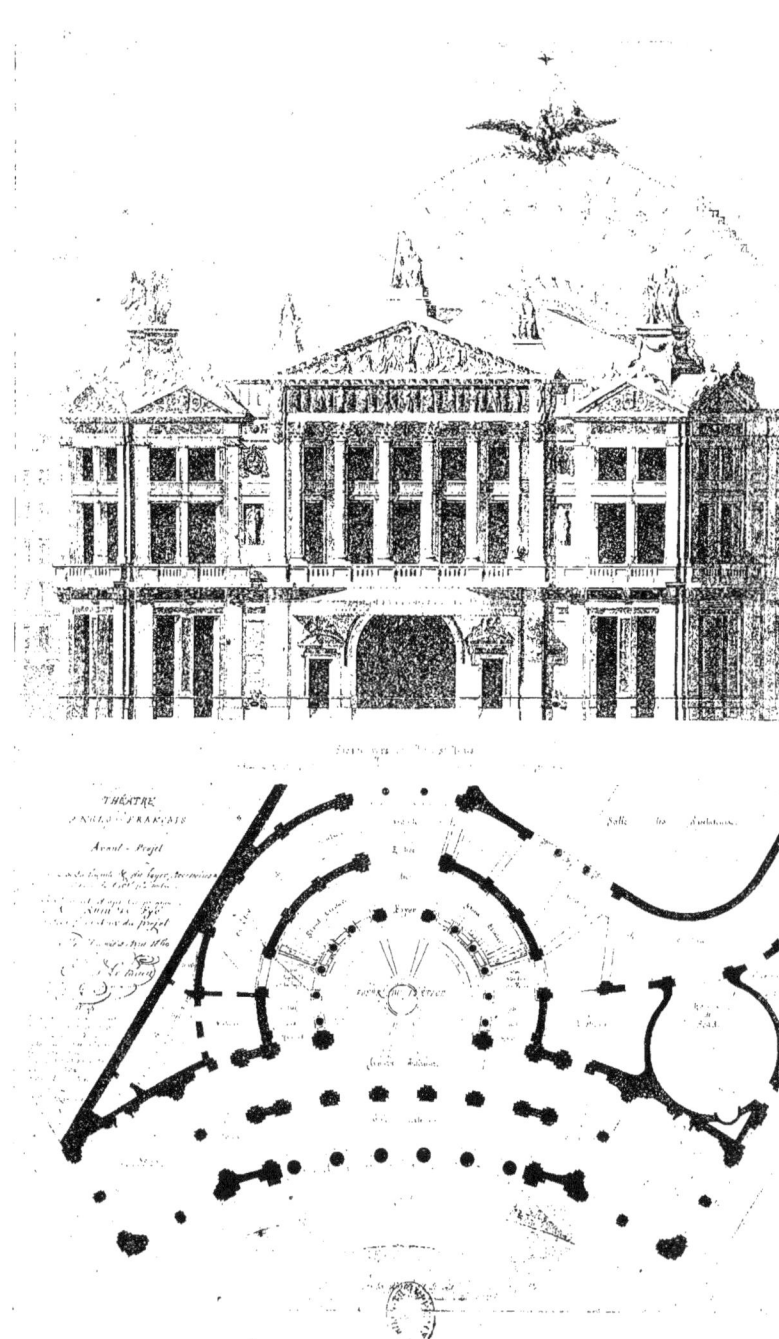

d'hiver et aux salons de rafraîchissement du deuxième étage des pavillons. Les plafonds de ces salons forment coupole.

Les deux pavillons extrêmes seront couronnés par quatre frontons secondaires, avec figures allégoriques sur chaque branche rampante. A la rencontre des faîtages des frontons, il existe des piédestaux s'enchevalant sur ces mêmes faîtages et faisant pénétration sur les plans inclinés des frontons. Ces piédestaux sont surmontés de grands groupes : l'un, à droite, figure la Danse et la Mime anglaise ; l'autre, à gauche, le Drame et la Tragédie française, présentant mutuellement leur École à la Ville de Paris.

Dans les tympans des frontons circulaires sont sculptées les armes de LL. MM. l'Empereur et l'Impératrice.

Enfin, le faîte est couronné par l'aigle impériale et par le drapeau de la France. Le pignon du grand vaisseau du théâtre est décoré d'une verrière en éventail, éclairée le soir, et représentant les différentes nationalités.

§ 3. — Dispositions intérieures de la Salle.

La salle, telle qu'elle est figurée sur nos plans, mesure 42 mètres de profondeur de la cloison du fond de la rampe, et 32 mètres du balcon à celle-ci ; 32 mètres aussi dans sa plus grande largeur entre cloisons, et 20 mètres d'un balcon à l'autre en regard ; et enfin 24 mètres entre les colonnes d'avant-scène donnant sur l'orchestre. Ainsi disposée, cette salle contiendra *six mille quatre cents places* ! (6,400 places, plus du triple du plus grand théâtre existant aujourd'hui à Paris !) Ce sera la plus grande qui ait été jusqu'alors édifiée au monde !

Elle comportera :

UN ORCHESTRE pour 120 musiciens ;

UN PARTERRE contenant 2,100 places ;

UN DRESS-CIRCLE superbe, de 1,000 places (innovation anglo-américaine), plus riche, plus coquet, plus commode et plus moral que les baignoires qu'il supprime, s'élevant majestueusement, dans sa partie extrême, à 2 mètres au-dessus du parterre, se répétera à chaque étage, qui aura 4 mètres 20 c. d'élévation, et supprimera les loges (à l'exception de celles d'avant-scène). La sonorité de la salle y gagnera, de même que la perspective. Ces dress-circles, vastes amphithéâtres richement décorés, permettront aux regards d'embrasser l'ensemble de la salle dans toute son étendue, et de jouir de l'aspect varié des parures féminines, étincelantes sous le rayonnement de milliers de lumières !

Le parterre et les étages supérieurs seront, sans distinction de places, meublés de fauteuils élastiques, rembourrés, garnis avec la même élégance, en velours grenat pour le service d'hiver, en cuir végétal pour le service d'été, ayant 0 mètre 55 de largeur, disposés en lignes, avec un intervalle de 1 mètre entre elles pour la libre circulation des spectateurs. Ils seront tous numérotés pour la facilité de la location. — La seule chose qui déterminera la différence du prix des places sera celle de leur position relativement à la scène.

Chaque étage est desservi par un corridor de pourtour de 4 mètres de largeur. Un grand vomitoire de 6 mètres 20 et douze escaliers de 3 mètres 40 seront pratiqués pour le service public du théâtre.

Ainsi distribuée, la salle, ayant la forme d'une lyre, aura un parterre, un entre-sol et quatre étages de superbes dress-circles. Deux travées partant des extrémités de la salle et aboutissant à l'orchestre, passant sous le dress-circle de l'entre-sol, permettront aux spectateurs de se rendre librement et sans encombre à leur place. Deux autres travées circulaires, contournant le parterre et accédant aux corridors de pourtour, desserviront les huit portes d'entrée et de sortie aux côtés de la salle, et favoriseront le dégagement à la fin du spectacle.

Un éclairage puissant, disposé sur les colonnes en avant des dress-circles, augmentera la somme de clarté produite par les lustres.

Toutes les portes de communication glisseront sur des coulisseaux au lieu de se développer en dehors.

§ 4. — Service de S. M. l'Empereur.

En outre des places ici décrites et destinées au public, notre plan dispose, pour le service spécial de Sa Majesté l'Empereur, de sa famille et de sa suite, de loges et dépendances, ayant 8 mètres 40 d'élévation sous le plafond, qui formera coupole. Elles comportent de chaque côté :

Un grand escalier particulier de 5 mètres de largeur ;
Un vestibule ou salle des gardes de 14 mètres de superficie ;
Un salon-loge de 3 mètres sur 4, ou de 12 mètres de surface ;
Une loge de même grandeur ayant sa façade sur la salle ;
Un salon de réception de 4 mètres 50 de large sur 6 mètres de long ;
Un vestiaire proportionné, et enfin des inodores puissamment aérés.

Sa Majesté, sa famille et sa suite accèdent à leurs loges et salons par deux escaliers monumentaux, ouverts dans les vestibules du rez-de-chaussée et réservés exprès, sur les quatorze escaliers généraux, mais disposés de façon à pouvoir être mis au service du public en cas de sinistre.

§ 5. — Des dépendances de la Salle.

A chaque étage règnent de spacieux corridors de 4 mètres de largeur, servant de promenades durant les entr'actes et facilitant les abords de la salle, des foyers et de quatre salons d'attente ou de débarras disposés de chaque côté, dont deux pour les hommes et deux pour les dames.

De chaque côté aussi sont ménagés des vestiaires et des inodores bien aérés et suffisamment multipliés.

Au premier étage figurent, d'un côté, la pharmacie et le service médical ; de l'autre, le bureau des suppléments ; et, au milieu, un vaste foyer public et deux salons richement décorés, d'un aspect grandiose, offrant aux spectateurs de l'entre-sol et des premiers étages une promenade de 1,035 mètres de superficie, et où seront exposés les tableaux des grands peintres et les œuvres choisies des statuaires de mérite.

De pareils foyers et salons offrent les mêmes promenades aux spectateurs des étages supérieurs.

Les quatre salons situés aux extrémités des foyers sont spécialement disposés, meublés, agencés et aménagés pour le service des buffets.

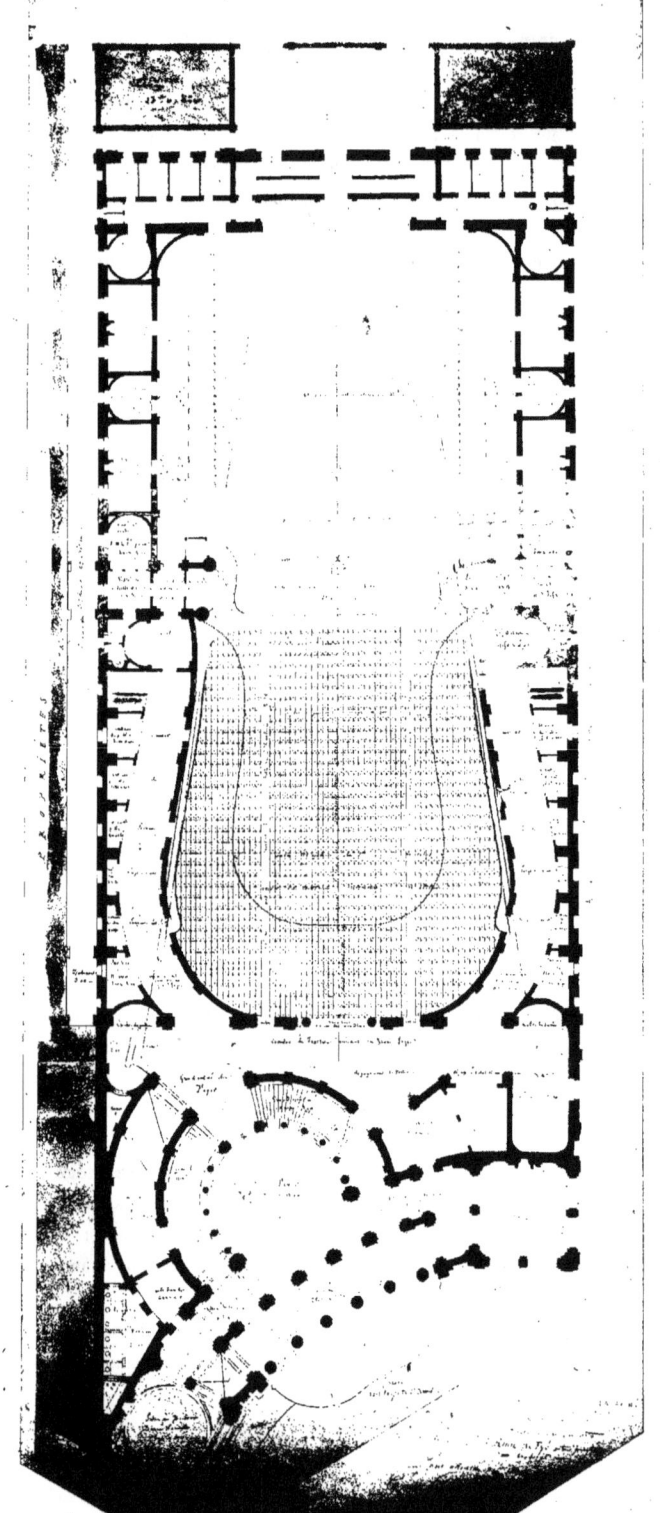

Toutes les dépendances du théâtre seront, comme la salle, chauffées en hiver par un puissant calorifère à vapeur, dont l'action, combinée avec celle d'un système de ventilation spéciale, entretiendra toujours une chaleur douce, modérée et parfaitement saine.

Six réservoirs d'eau, non compris le grand bassin spécialement établi pour les effets scéniques, dont il est parlé plus loin, seront construits dans les dépendances du théâtre : quatre dans les combles, pour recevoir l'immense quantité d'eau nécessaire au service nautique de la scène; deux autres dans les dessous, de chaque côté.

Dans ces derniers viendront se déverser les eaux des cascades, des torrents et du trop-plein du grand bassin.

Les eaux de ces réservoirs auront une double utilité :

1° Pour l'usage de la scène, indiqué dans notre programme ci-après; 2° pour le cas d'incendie.

Par mesure de précaution, il sera pratiqué à ces réservoirs des conduits en charge d'eau, avec robinets, auxquels viendront s'adapter des tuyaux en cuir, de manière qu'en cas de sinistre, l'enceinte, malgré son immensité, puisse être inondée en un instant.

Les deux réservoirs des dessous communiqueront à ceux des combles, pour remonter et descendre les eaux, au moyen du système hydraulique en usage.

La forme de la salle, telle qu'elle est ici figurée, mettra toutes les places en vue directe avec la scène, c'est-à-dire qu'aucun des détails de la scène ne pourra échapper au spectateur, à quelque endroit de la salle qu'il soit placé, ainsi que l'indiquent les lignes d'optique figurées sur nos plans.

L'usage du fer dans les charpentes, tout en offrant plus de légèreté et de solidité dans la construction, deviendra une garantie contre les chances d'incendie, en même temps qu'il permettra d'augmenter le nombre des places sans gêner la circulation intérieure. Le fer remplacera également tout ce qui peut être en bois dans l'intérieur d'une salle de spectacle, voire même les bâtis de fauteuils, ainsi que les cloisons de pourtour, les panneaux des dress-circles et les balcons.

Les plus grandes précautions seront prises, dans l'aménagement des sorties, pour faciliter l'évacuation du théâtre, en cas de sinistre.

§ 6. — De la scène et de ses servitudes.

L'ouverture de la scène au rideau aura 18 mètres de hauteur sur 23 mètres de largeur. Sa profondeur, de la rampe au rideau de fond, est de 30 mètres; largeur, entre les murs de ceinture extérieure, 32 mètres; entre les deux premiers plans, 22 mètres; entre les deux derniers plans de perspective, 14 mètres.

Autant et plus encore pour la scène et ses dépendances que pour la salle et ses abords, des réformes radicales sont commandées par une saine morale, par une bonne entente administrative et par les progrès incessants de la *science des illusions*.

Une observation préalable et importante est ici nécessaire.

Deux systèmes se partagent la division des plans de la scène :

Le premier, celui des plans simples, qu'on emploie partout; le second, celui des plans à triples rainures, encore à peu près inconnu, ou du moins inusité, et dont nous revendiquons la création.

Avec l'autorité de notre longue expérience, nous condamnons irrévocablement le premier, qui présente une foule d'inconvénients et qui est un système caduc et usé. Nous avons donc adopté le second, se prêtant admirablement au progrès de l'art scénique, et à l'aide duquel on peut obtenir des changements à vue d'une rapidité telle que le travail de la métamorphose échappe à la subtilité de l'œil.

Ainsi disposée, avec dix-huit plans à triples rainures, montés sur coulisseaux et rouleaux en fer, la scène répondra à tous les besoins, et mettra la direction à même de diminuer la longueur des entr'actes et de parer aux relâches forcés résultant soit de l'indisposition d'un artiste, soit de l'insuccès d'une pièce à ses premières représentations, soit d'un accident fortuit, etc., parce que cette disposition permet d'avoir constamment trois pièces différentes montées sur plans, et de produire toutes les perspectives qu'exigent la danse et la grande féerie, perspectives peu figurées jusqu'alors, et dont il est possible de tirer un si grand parti. Cette disposition nous permettra également de ne donner jamais deux jours de suite la même pièce en représentation et de tripler ainsi notre population théâtrale.

Le tablier brisé de la scène, d'ailleurs très-habilement machiné, est disposé de façon qu'on puisse le baisser ou l'élever à volonté, ou le faire disparaître par trappes ou en entier, selon les exigences d'une pièce, d'un décor, etc.

L'emploi de la lumière électrique sera adopté dans les illusions scéniques, afin de rendre fidèlement la nature dans les effets de ciel, pour l'imitation des nuages, de la lune, des éclairs et du soleil, avec leurs ombres.

Nous supprimons la rampe, pour obvier aux inconvénients produits par ses feux.

Les ressources de l'hydraulique nous permettront d'amener sur la scène, dans un grand bassin mobile, des eaux naturelles, au moyen desquelles on obtiendra une imitation parfaite des rivières, des fleuves et des torrents, ou des mouvements et des agitations de la mer avec ses vagues et ses murmures.

Soit que l'eau, s'échappant du sommet d'un rocher, retombe en cascade, soit qu'elle s'élance en gerbe cristalline dans les airs et retombe à l'état de pluie fine, elle présentera à l'œil, émerveillé par ces agréables perspectives nautiques, le magique spectacle de l'arc-en-ciel aux vives couleurs, apparaissant sous les feux d'un soleil électrique.

Sur les côtés, et à proximité de la scène, sont disposés quatre foyers d'artistes dont deux à droite pour les dames, chant et danse, et deux à gauche pour les hommes, aux mêmes désignations. Ces quatre foyers sont utiles pour éviter la réunion des sexes, le contact des emplois différents, le froissement des amours-propres si susceptibles au théâtre, et les désordres qui en résultent trop souvent.

Quatre salons sont aussi prévus pour le déshabillé des coryphées et de la figuration : deux du côté des hommes, deux du côté des dames. Ces dispositions nouvelles que nous apportons sont impérieusement commandées par l'ordre et la morale.

Les loges d'artistes figurées sur nos plans sont appuyées au gros mur de fond et prennent jour sur la cour.

Entre le mur de clôture des loges d'artistes et le mur de fond de scène, il est ménagé, à tous les étages, un corridor large de 2 mètres pour le service de la scène et des combles ; aux extrémités de ce corridor sont deux grands escaliers partant des angles de la cour pour desservir tout le derrière du théâtre. — Deux autres escaliers, formant milieu de la cour, sont spécialement affectés aux usages des décors.

A tous les étages, des inodores, pour les deux sexes, complètent ces dépendances.

Une travée de 3 mètres, isolant le théâtre des bâtiments de servitude, trace l'entrée et la sortie des voitures charriant les décors et accessoires venant du dehors.

Les étages supérieurs des dépendances répondent à toutes les exigences de service. Les emplacements comportent : les archives, la bibliothèque, les ateliers et magasins des costumiers, les entrepôts d'accessoires, plusieurs autres pièces concordant avec les besoins généraux du théâtre.

III

PROGRAMME THÉATRAL

§ 1ᵉʳ. — Des genres composant le Répertoire.

Le drame, la comédie et le vaudeville, considérés au point de vue national et international, formeront la base de notre répertoire. Mais nous y ajouterons, comme genre populaire en Angleterre, la *grande féerie-chorégraphique-pantomime* avec chœurs et accompagnement d'orgue d'harmonie dans les galeries de la scène, genre de spectacle pour lequel les Anglais ont une supériorité égale à celle des Italiens pour la musique.

Ainsi, aux termes du privilége que nous avons eu l'honneur d'obtenir officieusement de S. Exc. M. le Ministre d'État, notre programme général comporte :

Dans le genre national et international : — *Le drame, la comédie* et *le vaudeville civils et militaires* (littérature historique);

Dans le genre anglais : — *La grande féerie-chorégraphique-pantomime.*

La variété d'un pareil répertoire nécessite quelques éclaircissements.

§ 2. — Du genre national.

Le drame, la comédie et le vaudeville historiques, comme nous les comprenons, constitueront, pour la scène française, un genre nouveau qui, traité par des auteurs habiles, frappera vivement l'esprit des masses en plaçant, sous les yeux du public, le tableau animé des faits d'armes, des exploits les plus glorieux de la nation, et les événements les plus propres à vulgariser la connaissance de l'histoire dans le peuple et à produire sur son esprit et sur son cœur les plus salutaires effets.

Précisément à cause de sa nouveauté, nous croyons utile d'appeler particulièrement l'attention sur ce genre, et de lui consacrer ici des développements qui en fassent apprécier le mérite et la portée.

Sur les vingt-quatre théâtres que nous avons à Paris, onze d'entre eux ont un genre qui leur est propre. Ce sont les théâtres impériaux, dont tout le monde connaît le répertoire ; puis le Gymnase, qui exploite la comédie marivaudée ; le théâtre de la Porte-Saint-Martin et l'Ambigu, qui jouent le drame ; la Gaîté, le mélodrame ; le théâtre du Palais-Royal, les bouffonneries grivoises, les charges grotesques ; et les Funambules, qui continuent la pantomime enfarinée et les arlequinades.

Les autres théâtres, y compris celui du Vaudeville, représentent toutes sortes de choses qu'ils intitulent bravement : *Comédies-Vaudevilles,* ou plus simplement *pièces*...

Aucun de ces théâtres — à part les théâtres impériaux — n'a jusqu'à présent justifié le titre qui devrait lui appartenir, celui d'école des mœurs. Le théâtre actuel n'est pas l'école des mœurs, parce qu'il ne les enseigne pas ; et, quoiqu'il nous fasse rire quelquefois, il ne corrige pas nos travers, bien qu'il les tourne en ridicule.

Est-ce la faute du théâtre ? Est-ce la faute des hommes ?

Ce doit être notre faute, parce que nous nous obstinons à ne vouloir pas nous reconnaître dans les personnages qui jouent sous nos yeux, et dont nous critiquons les caractères.

Mais si le théâtre, pris dans la générale acception du mot, n'est pas l'école des mœurs, un des vingt-quatre théâtres de Paris pourrait être l'*École de l'histoire*. C'est celui-là que nous voulons créer aujourd'hui. Jusqu'à présent, les auteurs qui ont traité, pour le théâtre, des sujets historiques, ont trop souvent fait bon marché de l'histoire vraie. Ils ont dénaturé la physionomie des personnages, et nous les ont représentés, suivant leurs caprices ou les besoins de l'effet dramatique, doués de grandes qualités ou dégradés par des vices plus grands encore. Quelquefois ils n'ont pas craint d'accorder indulgence plénière à des êtres stygmatisés par l'exécration publique... ou de jeter du doute sur les vertus des personnages que la postérité a respectés.

Et comme, presque toujours, figurent dans les drames historiques des personnages qui, dans des conditions plus ou moins élevées, président à la destinée des peuples, cette transformation — quelle qu'en soit la cause, ignorance ou calcul — est d'autant plus coupable qu'elle a pour résultat d'affaiblir le respect dû au principe de l'autorité.

Ne peut-on pas porter un remède à ce déplorable abus de la liberté d'écrire, et, sans amoindrir l'intérêt du drame, accorder à chaque personnage la part d'éloges ou de blâme — suivant ses qualités ou son génie, ses crimes ou ses erreurs — que lui doit l'impartialité de l'histoire ?

Oui, on le pourrait.

Et à quel théâtre conviendrait mieux qu'au nôtre cette glorieuse mission d'ouvrir, chaque soir, à des milliers de personnes, cette *École de l'histoire* ?

A aucun autre.

Pourquoi ?

Parce que le nôtre, par sa position au centre d'un quartier populeux, par ses vastes proportions et aussi par ses tendances littéraires, où se ferait sentir l'initiative de la direction, pourrait concilier en même temps la vérité de l'histoire avec l'intérêt dramatique, et son intérêt particulier avec les splendeurs de la mise en scène ;

Parce que l'histoire enseignée au théâtre est la plus agréable à apprendre, la plus facile à retenir, qu'elle est à la portée de toutes les intelligences, et qu'elle n'enlève à l'homme qui n'a pas le loisir d'étudier que le temps qu'il donnerait à des plaisirs plus vulgaires, tout en ornant sa mémoire des grandes choses qui se sont accomplies pour la gloire et l'honneur de son pays.

Mais, nous dira-t-on, peut-être votre public ne goûtera-t-il pas assez ce genre de spectacle pour s'en faire une habitude ? — Ce serait le calomnier que de le croire incapable d'une aspiration vers la beauté de l'histoire et les charmes de la littérature. Un exemple de ce bon instinct, de cette heureuse appréciation du beau nous est donné chaque année. Allez au Théâtre-Français un jour de spectacle gratis. Qu'y voyez-vous? Le public des petits théâtres. — Est-il bruyant, railleur ou bavard? — Non. — Il regarde de tous ses yeux ; il écoute de toutes ses oreilles. Pas un geste, pas un mot ne lui échappe, et, sans le secours de la claque, il applaudit avec justesse les plus beaux passages d'une littérature qui ne lui est cependant pas familière. Jamais les comédiens n'ont joué devant un public plus attentif.

Pourquoi n'intercalerait-on pas, pour l'instruction commune, quelques-uns des grands actes du génie humain, enfantements de la civilisation, dans un cadre dont le sujet principal serait un beau fait d'armes? Quelques-uns de ces éléments, groupés ensemble, fourniraient des sujets dramatiques si intéressants !

Les grands hommes, comme les grandes actions, il est vrai, n'apparaissent ordinairement que de loin en loin, comme pour étonner le monde et l'encourager dans la voie laborieuse du progrès. Mais notre histoire est féconde en héros pris dans tous les genres de célébrités, riche en institutions libérales fondées au profit de l'humanité tout entière.

La commission n'aurait donc qu'à puiser dans les règnes les plus illustres pour trouver et choisir des sujets que nos auteurs sauraient bien approprier aux exigences de l'intérêt dramatique.

Et pour que ces sujets fussent en harmonie avec le goût des masses, ils seraient à la fois civils et militaires, c'est-à-dire que tous nos genres de gloires seraient évoqués en même temps.

Ils offriraient des sujets d'histoire réelle et d'histoire dramatique. Seraient-ils moins intéressants, arrangés pour les besoins de la scène, que les sujets faux et exagérés que certains auteurs, méconnaissant l'esprit du peuple, façonnent à leur guise, sans respecter la vérité de l'histoire?

§ 3. — Du genre anglais.

Diverses considérations nous ont décidé à joindre dans notre projet un genre anglais aux genres nationaux et internationaux, et à appeler une compagnie d'artistes qui introduirait les grandes féeries-chorégraphiques-pantomimes que nous connaissons si mal, dont il n'y a eu que de très-médiocres essais à l'Académie Impériale de Musique, où elles ont néanmoins obtenu le plus brillant succès.

En premier lieu, il existe un théâtre français à Londres. Est-ce que Paris, où la population anglaise augmente chaque jour davantage, où l'on élève des monuments religieux pour les besoins de son culte, pourrait se passer plus longtemps d'un théâtre mariant son genre au nôtre?

Ensuite, cette seconde troupe offrira l'avantage de varier nos spectacles et de supprimer les entr'actes, ce fléau de tous les théâtres ; puis elle nous révélera des artistes et un genre dramatique qui obtiennent le succès le plus complet et le plus mérité de l'autre côté de la Manche, et auquel nos voisins et alliés voudront sans doute accorder leurs suffrages, leurs bravos, et peut-être aussi leurs capitaux.

Puis, la création de cette vaste entreprise sera comme un hommage rendu en France au genre dramatique anglais, et aura pour résultat de resserrer plus étroitement encore l'alliance des deux peuples, cimentée par les nouveaux traités de commerce, et si chaudement appuyée par les illustres membres du Congrès de la Paix.

D'autre part, si l'Angleterre est dignement représentée en France au point de vue de son commerce et de son industrie, il importe qu'elle le soit également au point de vue des arts. Elle ne doit point ignorer que les arts sont la fortune d'une grande nation, qu'ils font sa gloire, développent les intelligences, polissent les masses et font un peuple grand.

Méconnaître la portée de ces considérations serait douter de ses sympathies pour les idées françaises.

La féerie, la danse et la pantomime sont une langue universelle ; chacun la comprend, parce qu'elle parle aux yeux, et que la confusion des idiomes ne s'étend pas jusqu'à l'organe de la vue.

Un enthousiasme réel accueille les ballerines que nous envoie l'Espagne : fera-t-il défaut aux gracieuses filles de l'Angleterre, de l'île des cygnes et des beautés accomplies, comme disent les poètes ?

Or, quand l'admiration du spectateur aura été captivée, et que tout son être se trouvera saisi de ces douces et profondes émotions que font naître de beaux drames interprétés par des artistes d'un talent hors ligne; quand il aura besoin de reposer son esprit de la contention causée par les scènes émouvantes qu'offrent toujours nos grandes et nobles pièces militaires, alors, pour faire diversion, pour sécher les larmes répandues pendant les scènes pathétiques, la chorégraphie, combinée avec la musique, viendra détendre l'esprit et charmer les sens ; puis apparaîtront des myriades de danseurs et de danseuses, de sylphes et de fées, de lutins et de sylphides, formant ensemble les groupes les plus gracieux, offrant à l'œil ravi les tableaux vivants et animés que l'on ne voit qu'en rêve, et que les mythologues seuls savent nous dépeindre.

Quand, la baguette magique à la main, une fée, sortant des ondes, semblera commander à la nature, trompant à ce point le regard du spectateur qu'il se croira transporté dans des régions enchantées, les sons d'une musique délicieuse le ramèneront doucement à la réalité, et le prépareront aux émotions enivrantes de la danse.

Notre chorégraphie, combinant le goût français avec les grâces et l'originalité anglaises, mélange de dialogue, de chants et de pantomimes si accentuées et si comiques chez nos voisins, nous paraît appelée à un succès au moins égal à celui des drames, de la comédie et du vaudeville.

La réunion de ces deux troupes et de ces deux répertoires justifie le nom de Théâtre International que nous donnons à cette nouvelle entreprise théâtrale.

Il est bien entendu que la musique est comprise dans notre programme ; les sommes que nous y affectons dans le devis estimatif des dépenses prouvent toute l'importance que nous attachons à la bonne composition de cette partie essentielle de notre organisation dramatique.

§ 4. — Composition des Troupes

Troupe dramatique française.

HOMMES.

Deux grands premiers rôles...	
Quatre premiers rôles...	
Trois grands deuxièmes rôles...	
Quatre deuxièmes rôles...	
Quatre troisièmes (deuxièmes au besoin).............................	
Un premier père noble..	
Un premier père grime..	
Un comique premier rôle..	
Un comique grime...	
Deux comiques troisièmes (deuxièmes au besoin)......................	
Un grand jeune premier chantant.....................................	
Deux jeunes premiers, deuxièmes rôles...............................	
Un premier amoureux chantant..	310.000 fr.
Deux premiers amoureux chantant.....................................	
Quatre accessoires, utilités...	
Un répétiteur..	

FEMMES.

Deux grands premiers rôles...	
Quatre deuxièmes (premiers au besoin)...............................	
Quatre troisièmes (deuxièmes au besoin).............................	
Deux jeunes premières chantant......................................	
Deux premières amoureuses chantant..................................	
Deux ingénues..	
Deux soubrettes, premier et deuxième rôles.........................	
Quatre utilités..	
Choristes, figuration, comparses.....................................	80.000
Total............	390.000

(Chorégraphie. — Corps de Ballet.)

Un maître de ballet..	
Un deuxième maître de ballet...	
Un répétiteur..	
Quatre chorégraphes premiers danseurs...............................	
Deux chorégraphes mimes premiers danseurs..........................	
Deux comiques..	

FEMMES.

Deux premières mimes..	330.000
Six premières danseuses..	
Six premières pas de caractère.......................................	
Huit deuxièmes devant..	
Huit deuxièmes pour travestissement.................................	
Trente-deux danseuses corps de ballet...............................	
Trente-six coryphées...	

ORCHESTRE.

Un chef d'orchestre..	
Un sous-chef d'orchestre...	
Un répétiteur..	98.000
Un accompagnateur..	
Cent vingt musiciens...	
Copie de musique...	4.000
Entretien des gros instruments......................................	1.000
Total............	823.000

IV

COMBINAISON FINANCIÈRE

§ 1ᵉʳ. — Constitution sociale.

Il est établi pour quarante années, conformément à l'acte déposé chez Mᵉ Mocquard, notaire à Paris, une Société en commandite et par actions, au capital de 15,000,000 de francs, représenté par 3,000 actions de 5,000 fr. chacune.

Le versement des souscriptions sera effectué comme suit :

Deux cinquièmes en souscrivant, et le surplus par tiers, de trois mois en trois mois, à partir de la constitution définitive de la Société.

M. Ruin, de Fyé, est institué directeur-gérant, comme fondateur et en raison aussi de ses apports à la Société, consistant dans :

Le projet de cet établissement ; le privilége de son exploitation ; le résultat de ses travaux, démarches et négociations pour l'obtention de l'emplacement accordé par la Ville de Paris ; les documents, plans et études préparatoires, ayant coûté des sommes considérables ; ses travaux pour l'organisation dudit théâtre ; ses soins comme directeur, son aptitude, ses innovations, fruit de vingt années d'études spéciales en matière théâtrale.

§ 2. — Emploi du Capital.

Le capital sera employé tant à l'achat des terrains et à l'élévation du monument qu'à sa décoration, à son ameublement et à l'acquisition de tout ce qui est nécessaire à l'exploitation d'une pareille entreprise.

Les terrains nécessaires à l'édification du Théâtre International comportent une superficie de 5,066 mètres, compris dans le périmètre concédé par la Ville.

Récapitulation du Devis des Travaux du Théâtre International.

1° Terrasse...	409.609 fr.	75 c.
2° Maçonnerie.......................................	4.225.797	06
3° Charpente	51.325	»
4° Couverture et plomberie.......................	142.520	»
5° Menuiserie.......................................	168.779	64
6° Serrurerie..	487.752	»
7° Fumisterie.......................................	15.000	»
8° Sculpture..	259.030	»
9° Cartons-pâtes, décoration intérieure.........	107.500	»
10° Peinture, tenture, dorure.....................	120.000	»
11° Vitrerie...	30.000	»
12° Stuc...	30.000	»
13° Marbrerie.......................................	28.000	»
14° Miroiterie.......................................	8.000	»
15° Décoration en peinture.......................	5.000	»
16° Tapisserie.......................................	210.000	»
17° Éclairage intérieur et extérieur.............	350.000	»
18° Deux pavillons, rue de l'Échiquier..........	90.700	»
Total général.............	6.739.073	45
Travaux imprévus..........	260.926	55
Total définitif.............	7.000.000	»

1° Matériaux et construction, etc., comme l'indique le résumé du devis ci-contre annexé........ 7.000.000 fr.
2° Agencement, aménagement de la scène, orgue d'harmonie dans les galeries de la scène, gros instruments d'orchestre, costumes, petits et grands vestiaires, accessoires de la scène et autres, etc., pour les quatre pièces de début... 323.768
3° Quatre jeux de décors pour les quatre pièces montées, à 150,000 fr. l'un, soit............. 600.000
4° Cautionnement... 100.000
5° Fonds de roulement.. 200.000
6° Et enfin réserve en cas d'insuffisance du chiffre attribué à ces diverses dépenses et imprévues. 276.232
7° Frais généraux de la constitution de la société... 500.000

        Total du capital nécessaire à la construction et la mise en exploitation du théâtre. 9.000.000

8° Terrain désigné par la Ville, 5,066 mètres superficiels, prix ferme avec la Ville, payable en obligations de la Compagnie et remboursables en cinq ans et par cinquième, dont l'intérêt partira le jour de l'ouverture du théâtre, soit... 3.000.000
9° Apport du fondateur.. 3.000.000

        Total général des chapitres réunis du capital social............. 15.000.000

Il est bien entendu que, pour le chiffre de la construction, l'appréciation formulée ci-dessus est modifiable par l'étude d'un devis descriptif et estimatif détaillé résultant du projet définitif d'exécution approuvé par le Conseil des bâtiments civils ; ce projet et ce devis seront faits ultérieurement et seront variables suivant les conditions qui pourraient être imposées lors de leur présentation.

Le fonds de roulement servira en grande partie aux dépenses premières suivantes :

1° Frais de voyages pour l'engagement des deux troupes ;

2° Un mois d'avance aux artistes engagés à l'étranger ;

3° Location d'un local provisoire pour les répétitions ;

4° Voitures-tapissières, chevaux ;

5° Étoffes pour costumes, petits et grands vestiaires, chaussures, trousseaux, chapellerie, ganterie, perruques, brosseries, armes, accessoires, rouge et divers ustensiles au service de la scène.

§ 3. — Administration.

Le gérant directeur................	40.000 fr.	Report..........	103.500 fr.
Un régisseur général...............	8.000		
Un directeur de la scène...........	6.000	Trois sous-contrôleurs.............	3.000
Un sous-régisseur..................	4.000	Un maître costumier...............	2.400
Un secrétaire, chef du cabinet.....	6.000	Trois tailleurs habilleurs.........	4.500
Un inspecteur général du personnel...	5.000	Une maîtresse costumière...........	2.400
Un chef huissier...................	2.400	Quatre habilleuses.................	4.000
Cinq huissiers.....................	7.500	Un chef machiniste.................	10.000
Un caissier........................	3.000	Trois brigadiers et équipage.......	30.000
Un chef du matériel................	3.000	Un maître coiffeur.................	2.400
Trois buralistes du soir...........	3.000	Trois coiffeurs....................	3.600
Deux préposés à la location du jour...	4.000	Palefreniers et conducteurs........	2.400
Deux commis.......................	3.600	Vingt-quatre ouvreuses.............	14.400
Un souffleur......................	2.000	Deux préposés au vestiaire.........	2.000
Trois garçons de théâtre...........	3.600	Un concierge......................	1.200
Un contrôleur chef................	2.400	Imprévus..........................	10.000
À reporter........	103.500	Total.....	195.800

§ 4. — Exploitation théâtrale.

DÉPENSES ANNUELLES

Impôts immobiliers................	7.500 fr.
Impôts mobiliers..................	5.000
Patente..........................	4.000
Assurance de l'immeuble...........	8.000
Assurance du matériel............	6.000
Entretien annuel des bâtiments, maçonnerie, charpente, vitrerie.....	10.000
Éclairage au gaz..................	45.000
Huile pour les lampes.............	3.650
Abonnement aux eaux.............	750
Impressions pour lettres, engagements, billets de location, bordereaux, affiches, cartons pour billets et contre-marques, frais de bureaux, registres, etc......................	12.000
Pompiers........................	3.700
Garde municipale.................	3.600
Balayage (abonnement)............	600
Entretien de la salle, accessoires, tapisserie, papiers aux loges d'artistes, brosserie, chaussures, chapellerie, armes, ganterie, rouge, perruques, blanchissage..................	30.000
Étoffes pour trousseaux, costumes, petits et grands vestiaires..........	60.000
Accessoires et ustensiles de la scène..	12.000
Décors...........................	70.000
Troupe dramatique française, figuration, comparses.................	390.000
Chorégraphie.....................	330.000
Orchestre, copie de musique et entretien des instruments.............	103.000
Administration...................	195.800
Entretien des voitures et nourriture des chevaux...................	3.600
Total des dépenses......	1.304.200

RECETTES ANNUELLES

La salle sera d'une contenance de 7,160 places, divisées ainsi qu'il suit :

1° Rez-de-chaussée, trois classes, comme suit :

500 fauteuils d'orchestre,	à 3 f. l'un, soit	1.500 f.
600 —	2ᵐᵉ plan,	à 2 —	1.200
1000 —	parterre,	à 1 —	1.000

2°	Entre-sol, 1000 fauteuils,	à 4 —	4.000
3°	1ᵉʳ étage, 1000	—	à 3	—	3.000
4°	2ᵉ — 1000	—	à 2	—	2.000
5°	3ᵉ — 1000	—	à 1	—	1.000
6°	4ᵉ — 1000	—	à 0 50 c.	—	500
7°	Av.-scènes, 60	—	à 5	—	300

Salle comble par jour.. 14.500

qui, multipliés par 360 représentations dans l'année, font un total de....... 5.220.000

Produit indirect :

1° Café et restaurant...............	400.000
2° Des douze bals annuels..........	300.000
3° Intérêt des recettes cumulées, déposées au trésor pendant l'année, 3 0/0, soit....................	90.000
Total net........	6.010.000

Ce résultat est assurément très-probable, surtout pendant les premières années ; cependant, sans tenir compte de nos innovations, des réformes de tous les abus, du bon marché et du confort que nous apportons, nous voulons rester dans les limites les plus restreintes des recettes ordinaires des théâtres actuels, et nous calculerons nos recettes d'après les moyennes suivantes :

Représentations			par jour	
1°	80	Salle comble,	14.500 f.	1.160.000 f.
2°	80	à 3/4 de salle,	10.875	870.000
3°	74	à 2/3 de salle,	9.666	715.284
4°	74	à 1/2 de salle,	7.250	536.500
5°	52	à 1/3 de salle,	4.833	251.316

Total du produit des places..	3.533.100
1° Produit du café et restaurant.....	400.000
2° Produit des 12 bals annuels (moyenne)	300.000
3° Intérêt des recettes cumulées, déposées au trésor pendant l'année, 3 0/0, soit....................	61.483
Total des recettes brutes..	4.294.583
A déduire : prélèvement de 20 0/0 pour droit d'auteur et des pauvres sur 3.853.100 fr...................	766.620
Total net des recettes...	3.527.963

RÉSUMÉ GÉNÉRAL

Recettes annuelles nettes.........................	3.527.963 fr.
Dépenses annuelles générales.....................	1.304.200
Reste.............	2.223.763

Soit un produit égal à 15 0/0 du capital de 15,000,000 fr.

§ 5. — Répartition des Bénéfices.

Les bénéfices seront employés comme suit :

1° A servir aux actionnaires et à l'apport de M. Ruin, de Fyé, fondateur, un intérêt de 5 0/0 l'an ;
2° A leur servir 5 0/0 à titre de prime jusqu'après le remboursement des trois millions d'obligations données en payement des terrains à la Ville.

Dans notre conviction, ce remboursement pourra être effectué en moins de cinq années.

Après ce remboursement en capital et intérêts, tous les bénéfices seront répartis à titre de dividende, savoir :

75 0/0 aux actionnaires.
25 0/0 à M. Ruin, de Fyé, pour prix de son apport.

Alors, le capital se trouvant réduit à douze millions, par suite du remboursement des trois millions d'obligations de la Ville, les deux mille quatre cents actions restantes jouiront ainsi de la totalité des bénéfices, et les dividendes élevés donneront à ces titres une valeur considérable.

A l'expiration des quarante années, durée de la Société, les actionnaires auront à se partager l'actif social, s'ils n'aiment mieux prolonger la Société pour une nouvelle période.

L'actif à partager alors se composera :

1° De l'immeuble du théâtre et de ses dépendances........... Fr.	12,000,000
2° Du matériel, composé du mobilier en général, tel que décors, costumes, accessoires, agencements et ustensiles de la scène, meubles des salons, de la salle et des foyers, lesquels, bien entretenus et accrus chaque année, auront une valeur qu'on ne peut pas estimer moins de...........................	1,000,000
3° Du fonds de roulement...	200,000
4° Du cautionnement...	100,000
5° Enfin, de l'encaisse.................................... Mémoire.	
Total...... Fr.	13,300,000

V

RÉSUMÉ ET CONCLUSION

Parmi les théâtres de Paris, il n'en est aucun qui réunisse cet aspect monumental, ce cachet de style et de grandeur qui conviennent à la capitale par excellence du goût, des arts et du luxe; dont la distribution, l'aménagement, la décoration, la richesse et l'espace permettent à son immense population, chaque jour grossie par un flot mouvant d'étrangers, de pouvoir compter sur un spectacle instructif et amusant, pour un prix raisonnable, sans être à chaque instant froissée ou meurtrie, et sans avoir à supporter des abus criants, indignes d'une administration qui devrait marcher la première dans la voie des améliorations; dans lequel on ait sérieusement tenté d'introduire les utiles innovations, les réformes indispensables au succès, indiquées par le progrès des sciences, par les découvertes et inventions qui caractérisent notre époque. Il n'en est aucun qui ne pèche par des vices flagrants dans l'application des lois de l'optique, de l'acoustique, de la ventilation, dont une entente parfaite permette à la masse des spectateurs de voir sur tous les points de la scène, d'entendre également dans toutes les parties de la salle, d'y respirer à l'aise sans être incommodés par une chaleur excessive et par les émanations qui montent des étages inférieurs. Aucun des théâtres existants n'offre au public la facilité de sortir de sa place et d'y rentrer sans dérangements incommodes; l'agrément de salons d'attente et de débarras, de foyers et de promenades proportionnés au besoin de locomotion qu'on éprouve après être resté plusieurs heures assis dans la même attitude.

Partout les architectes et ordonnateurs se sont montrés d'une imprévoyance ou d'une ignorance égale en ce qui touche aux besoins de la scène : les machines, appareils et accessoires fonctionnent mal ou sont mal placés; les foyers d'artistes, les magasins, les bureaux de l'administration, et en général toutes les servitudes et dépendances du théâtre sont mal distribués, insuffisants, trop petits ou trop peu nombreux, d'où il résulte de la lenteur dans le service de la scène soit pour les répétitions, soit pour les représentations, sans parler d'une foule d'inconvénients et de désordres qui se manifestent aussi bien dans le personnel théâtral que dans le personnel administratif.

L'incurie ou l'incapacité des directeurs aggrave encore cette situation fausse et périlleuse faite aux entreprises théâtrales par des conditions d'ensemble aussi contraires au succès des artistes et des auteurs qu'opposées à la prospérité financière de ces entreprises. Voilà pourquoi on a vu tant de fois les directeurs chercher dans des subventions ou dans des emprunts onéreux, qui pouvaient nuire à la liberté de leur initiative s'ils avaient pu en avoir, des secours toujours insuffisants, dont ils auraient pu se passer s'ils avaient mieux connu le théâtre, son monde spécial, et les ressources immenses qu'il offrira toujours à quiconque voudra se donner la peine de l'étudier assez pour en comprendre les besoins, l'influence et les moyens d'action.

L'infortune pécuniaire des directeurs, qu'on ne doit raisonnablement imputer qu'à leur inexpérience, à leur imprévoyance, à leur incapacité ou à leur incurie, a bientôt porté coup aux ouvrages des poètes et des dramaturges, qui, incertains du produit de leurs œuvres, les ont moins travaillées. De là cette foule de pièces à peine ébauchées, où le talent de l'écrivain ne consiste plus qu'à recoudre à la hâte, et sans aucun soin littéraire, des scènes dites populaires, empruntées aux tripots ou ramassées dans les égouts, qui ne présentent aux spectateurs que des exemples d'immoralité et des tableaux ne montrant guère la société que par ses côtés hideux, par ses aspects méprisables ; genre de littérature qui n'est pas sans émotions pour une certaine portion du public, mais que fuient les classes instruites ou élevées qui veulent un spectacle mieux en rapport avec leurs sentiments, et dont la souillure, le meurtre et l'infamie ne fassent pas tous les frais.

Le fondateur du Théâtre International, œuvre nationale et caractéristique d'une ère de rénovation dont nous voulons marquer le seuil, tiendra compte de toutes ces puissantes considérations.

Si l'on envisage sa situation au point central de nos superbes boulevards, la magnificence et la grandeur de cet édifice au dehors et au dedans, les vastes et grandioses proportions de la salle, des foyers, des couloirs, des salons, et l'exposition des tableaux de grands maîtres qui y seront déposés ; la richesse extraordinaire et le bon goût général de l'ornementation et des décorations ; l'étendue de la scène, pourvue de dix-huit plans, produisant des perspectives jusqu'alors inconnues ; l'introduction des eaux et de l'électricité dans les effets du ciel et de la mer ; l'attrait de la nouveauté, l'extraordinaire de nos *grandes féeries chorégraphiques-pantomimes* et des plus grands événements de la nature, représentés avec l'appareil et le luxe que l'imagination peut seule rêver ; — si l'on considère nos réformes et nos innovations théâtrales, l'abaissement du prix des places à la portée de toutes les conditions, cependant toutes confortables, toutes pourvues de fauteuils spacieux, rembourrés, élastiques et semblables, on conviendra que cette création, qui fera événement, provoquera vivement la curiosité, non-seulement des Parisiens, mais encore des habitants de la province que les chemins de fer amènent si facilement à Paris, et nous assurera la présence de deux cent mille étrangers qui y arrivent annuellement de tous les points du globe.

Remarquons que le théâtre fut, dès son origine, le temple de l'instruction, de la civilisation et de la morale des peuples ; qu'il est encore aujourd'hui l'objet de l'intérêt le plus vif de la population intelligente et de la curiosité la plus empressée des étrangers, et qu'en y introduisant nos innovations hardies, mais heureuses, nous ne faisons que le ramener à sa destination primitive et lui rendre son véritable caractère.

Ce n'est donc point exagérer de dire que, pendant les premières années au moins, nous aurons le plus souvent salle comble.

Il est de règle absolue, en économie industrielle, qu'un besoin public étant satisfait à bas prix, la consommation s'accroît en proportion géométrique ; il en sera de même pour notre théâtre : les prix étant abaissés des quatre cinquièmes du taux actuel, le public n'y viendra pas seulement quatre fois, mais bien seize fois plus.

Le magnifique emplacement que doit occuper cette nouvelle salle de spectacle, le caractère sérieux des études spéciales qu'apporte l'auteur du projet dans l'édification et l'organisation de ce monument ; l'honorabilité et la position élevée qu'occupent soit les membres du comité de patronage, soit même les capitalistes intéressés dans l'affaire ; la haute considération dont jouiront nécessairement les personnes composant le conseil de surveillance, tout établit le mérite, la solidité et le caractère positif de cette opération.

Il n'est pas possible de mettre en doute le succès d'une telle entreprise en présence de tant d'améliorations, de luxe, de bon goût et de confortable réunis.

Quand on supprime l'abus des queues, de la surtaxe, des vestiaires et des ouvreuses ; — quand Paris est devenu, par la réunion des savants et des artistes les plus éminents, le centre des plus belles créations littéraires, artistiques et scientifiques ; quand, par son luxe, sa fortune, ses jardins, ses parcs, ses monuments, ses académies, ses musées, il mérite d'être appelé l'Athènes des temps modernes ; — quand chaque jour voit surgir, comme par enchantement, tant de nouveautés qui font l'objet de l'admiration du monde entier ; — quand sa population, si enthousiaste pour les grandes créations qui font sa gloire, est possédée d'une véritable passion pour les fêtes et les spectacles ; — quand plusieurs théâtres vont être abattus pour le percement de nouveaux boulevards, et qu'il est indispensable de les remplacer ; — quand chaque jour arrivent de tous les pays du monde une multitude d'étrangers avides de connaître ses merveilles ; — quand enfin notre théâtre sera le mieux organisé comme administration, le mieux composé comme pièces et comme sujets, le plus magnifique comme monument, le mieux situé au point central de Paris, il obtiendra nécessairement et forcément un brillant succès, qui fera bientôt la fortune de ses actionnaires.

Et ce sera un monument impérissable de gloire, élevé à la mémoire des amis des arts et des hommes de génie et de progrès qui auront concouru à cette œuvre, digne du siècle qui l'aura vue naître, et dont les noms, inscrits dans ses archives et gravés sur le marbre, diront à la postérité quels en furent les protecteurs !

ALPH. RUIN, DE FYÉ,

Ancien Directeur de théâtres impériaux et royaux en France et à l'étranger,
Auteur du travail préparatoire de la réédification du Théâtre Royal de Dresde,
Auteur de la distribution et disposition du nouveau Théâtre de New-York.

43, rue Taitbout, à Paris.

Paris. — Typographie Morris et Comp., 61, rue Amelot.

www.ingramcontent.com/pod-product-compliance
Lightning Source LLC
Chambersburg PA
CBHW070717050426
42451CB00008B/694